JEAN JAURÈS

LES ORIGINES

DU

SOCIALISME ALLEMAND

THÈSE LATINE DE JEAN JAURÈS

TRADUITE PAR ADRIEN VEBER

LES ÉCRIVAINS RÉUNIS

11, RUE DE L'ANCIENNE-COMÉDIE

PARIS

LES ORIGINES

DU

SOCIALISME ALLEMAND

JEAN JAURÈS

LES ORIGINES

DU

SOCIALISME ALLEMAND

THÈSE LATINE DE JEAN JAURÈS
TRADUITE PAR ADRIEN VEBER

LES PREMIERS LINÉAMENTS DU SOCIALISME ALLEMAND

CHEZ LUTHER, KANT, FICHTE ET HÉGEL.

I. — LUTHER

Les Origines du Socialisme Allemand

Telle est, non pas la traduction juxtalinéaire, mais le sens du titre de la thèse latine que M. Jean Jaurès, ancien élève de l'École normale supérieure, professeur de philosophie à la faculté de Toulouse, a eu le courage de présenter et de soutenir avec éloquence devant le jury de la Sorbonne. M. Jaurès n'est pas un inconnu pour nos lecteurs. Dès 1888 et 1889, avant que les mesquines nécessités du scrutin d'arrondissement aient momentanément privé le Parlement de cet homme remarquable, nous avons maintes fois eu l'occasion de signaler l'avancement progressif de ses idées. Élu en 1885 avec un programme assez modéré, M. Jaurès a constamment évolué depuis, d'abord à la Chambre où il a toujours voté les lois ouvrières dans le même sens que les socialistes, et où, au lieu de mettre, comme tant d'autres, une sourdine à ses opinions, il s'est, au contraire, consciencieusement appliqué à trouver pour se déterminer des raisons désintéressées et d'ordre purement social.

Revenu en 1889, à ses études, et à ses élèves, M. Jaurès n'abandonna pas la politique. Et s'il manque à ses articles de journaux, dont nous citons parfois des passages, l'expansion que pourrait seule lui donner la publicité d'un journal de Paris, leur valeur socialiste n'en est pas moins précieuse à noter, au point de vue de l'influence qu'ils peuvent exercer en province pour la préparation des esprits aux prochaines élections... L'individualisme y est toujours combattu au nom de la collectivité et pour la véritable liberté, la liberté de tous, limitée rationnellement par le devoir social de chacun.

Où trouver la cause finale des affirmations de plus en plus socialistes de l'homme politique, si ce n'est dans les méditations du philosophe, dont voici le premier fruit, fruit savoureux dont la belle venue nous en fait présager d'autres. Car M. Jaurès philosophe nous doit plus qu'une brochure latine sur les premiers contours du socialisme allemand, sur les germes socialistes semés par Luther, Kant, Fichte et Hegel. Nous attendons du jeune et brillant professeur un grand ouvrage de philosophie socialiste. Nous ne voulons considérer sa thèse latine que comme l'un des premiers boutons de sa floraison socialiste.

Mais trêve d'éloges; la traduction intégrale de la présente thèse dans la *Revue Socialiste* est un hommage suffisamment éloquent rendu à la vaillance du professeur, au talent de l'écrivain, à la profondeur du philosophe, à la perspicacité du politique, à la mentalité du moraliste.

Selon le vœu que l'on nous a exprimé, notre traduction sans commentaires sera presque littérale. Et bien que çà et là il m'ait été difficile de rendre en français, soit l'énergie soit la nuance exacte de l'expression latine, je me suis efforcé de mériter le moins possible l'épithète courante de *traduttore traditore*.

La thèse de M. Jaurès est divisée en quatre chapitres : *Luther,* — *De l'État chez Kant et Fichte,* — *Le Collectivisme chez Fichte,* — *Hegel, Marx et Lassalle.* Aujourd'hui paraît *Luther,* — en juillet les deux chapîtres si intéressants et nouveaux sur la genèse de la liberté collectiviste chez Kant et Fichte enfin mieux compris, — et en août les suggestives et inattendues comparaisons entre Hegel, Marx, Lassalle, et Benoît Malon.

Mais il est temps de laisser la parole à M. Jaurès.

Un dernier mot cependant. L'on a créé, à la Sorbonne :
la chaire de la Révolution, pour M. Aulard ; au collège de
France : la chaire du Positivisme, pour M. Laffite. A présent
que l'Université possède parmi les siens un docteur en
socialisme, offrant sans conteste toutes les garanties de
lumières et de désintéressement désirables, que ne crée-t-on
une chaire de Socialisme ? (1)

ADRIEN VEBER.

Juin 1892.

---

(1) Cette préface, écrite par Adrien Veber, parut en tête de sa traduction de la thèse latine de Jaurès en 1892 dans la Revue Socialiste de Benoît Malon. Nous croyons intéressant de la reproduire
intégralement. *(Note des éditeurs).*

Nous savons à la vérité que le socialisme allemand n'est
pas une philosophie pure et contemplative ; il lutte et
combat pour abattre les fondements de la société civile
actuelle. Ce n'est pas seulement une doctrine, mais encore
un parti dans l'État. Mais la philosophie elle-même revêt
parfois des dehors belliqueux, fourbit ses armes et se mêle
au combat politique ; elle ne regarde pas seulement le
ciel, mais aussi la terre. — Si Socrate a fait descendre la
philosophie du ciel, le socialisme en a fait descendre la
justice ; c'est-a-dire qu'il cherche dans la région « des
idées » des vues pratiques pour l'arrangement de cette vie
terrestre. — Fichte, Lassalle, Marx, Schæffle furent à la
fois des précurseurs et des maîtres.

En pénétrant le socialisme allemand, on y trouve incluse
une philosophie. Celle-ci prétend qu'il y a dans l'histoire
et l'économie politique une certaine dialectiqne qui change
les formes des choses et les relations des hommes. — Elle
définit la liberté, non pas comme une abstraite faculté de
pouvoir choisir entre des contraires comme une hypothé-
tique indépendance de chaque citoyen pris individuellement

mais comme la véritable base de l'égalité des hommes et de leur communion. Enfin, cette philosophie ne poursuit pas un fantôme céleste, une vaine image de justice séparée du monde et de l'ordre naturel des choses ; elle exige une justice matérielle mêlée aux choses elles-mêmes et s'appuyant sur elles. Au socialisme allemand tient donc une solide doctrine dialectique du devenir universel, de la liberté humaine, de la Nature et de Dieu.

Il n'est pas nécessaire, pour saisir exactement le lien du socialisme et de la philosophie allemande, que nous embrassions toute l'histoire de cette philosophie ; il suffit que nous interrogions ces hommes qui ont pour ainsi dire façonné le génie et la pensée allemande. Ce ne sont pas, en effet, les talents médiocres et inférieurs qui influent sur les évènements et les cours de l'histoire, mais bien les esprits les plus élevés. Or, qui niera que Luther, Kant, Fichte et Hegel ne tiennent le premier rang parmi les théologiens ou les philosophes de l'Allemagne.

Il n'y a pas lieu de s'étonner de ce que nous laissions de côté cette doctrine matérialiste qui procède de l'une des faces de la philosophie hégélienne, bien qu'en Économique elle se rapprochât du socialisme. Par exemple, Feuerbach ne fut pas le maître du célèbre Marx, mais son condisciple. Tous deux ont donné la même interprétation de l'Hégélianisme : l'un dans la philosophie, l'autre dans l'économie politique. Marx lui-même déclare avoir embrassé la dialectique hégélienne, pour la convertir en matérialisme et transformer ses vaines futilités en un métal terrestre, fer ou or. Au surplus, comme je ne rattache pas le socialisme allemand au matérialisme de « l'extrême-gauche hégélienne », mais à ces idéalistes qui s'appellent Luther, Kant, Fichte et Hegel, je veux, non seulement atteindre les vraies sources profondes du socialisme allemand, mais encore découvrir la future évolution de ce socialisme. En effet, si aujourd'hui le socialisme allemand combat sous

des apparences matérialistes, derrière le bouclier du matérialisme, c'est là l'aspect, non pas de la paix future, mais
uniquement de la lutte présente. Les socialistes s'affirment
et se croient matérialistes, pour les facilités de leur démons-
tration, afin que cette terre, délivrée cependant de tous
les fantômes de la superstition, apparût sous une lumière
dure et crue, d'autant plus hérissée de rudes misères ;
mais, dans les replis profonds du socialisme survit le
souffle allemand de l'idéalisme.

Cette constatation sera manifeste lorsque nous aurons
examiné la contribution apportée au socialisme par Luther
Kant, Fichte et Hegel ; il deviendra non moins évident que
les socialistes ont été les vrais disciples de la philosophie
allemande et comme du génie allemand lui-même.

Tout d'abord, cela indiquera plus clairement combien
les événements découlent des idées, combien l'histoire
dépend de la philosophie. A première vue, l'on pourrait
croire que le socialisme a surtout fleuri en Angleterre,
puisque c'est particulièrement en Angleterre qu'a insolem-
ment grandi le nouvel ordre économique, qui a pour base
fondamentale l'Argent. En Angleterre, de toutes façons,
il était facile de saisir le procès économique. Mais qui l'a
vu et décrit ? Ce n'est pas un philosophe anglais, c'est un
Allemand habitant l'Angleterre, Karl Marx. Si Marx n'eût
pas eu gravée dans son esprit la dialectique hégélienne, il
n'eût pas rattaché tout le mouvement économique de
l'Angleterre à cette dialectique socialiste. L'Angleterre a
fourni les faits, mais la philosophie allemande les a inter-
prétés. Le socialisme était né dans l'esprit allemand bien
avant l'accroissement anormal de sa grande industrie, et
l'apparition des conditions constitutives du socialisme
économique.

* *

Sans doute Martin Luther est un théologien non un philosophe ; mais en Allemagne, la philosophie n'est pas séparée de la théologie, comme chez nous. Les philosophes ne répudient pas la foi chrétienne, ils l'interprètent et se l'assimilent. Il y a plus, les théologiens se sont mis à philosopher, à partir de Luther, en posant, comme base de la foi et presque comme la foi elle-même, la liberté d'interpréter et de commenter. Aussi l'Allemagne actuelle commence-t-elle à Luther. Au commencement du xvie siècle, le saint Empire allemand n'était guère qu'ombre ; il était divisé en d'innombrables principautés rivales, agitées comme une poussière d'orage. — Cependant lorsqu'il engage la lutte contre les indulgences, Luther oppose toute l'Allemagne opprimée et dévorée à l'avide et cupide Italie ; selon sa propre expression, il ressuscite « l'Allemagne unie ».

Que si après la Réforme, l'Allemagne n'est pas encore liée par l'unité politique ; si, pendant deux siècles, elle reste brisée, émiettée ; néanmoins grâce à Luther, on voit sous les divisions politiques persister la foi commune, l'entendement commun. C'est pourquoi les Allemands peuvent appeler Luther le véritable père de la nouvelle Allemagne. — Quant à nous, nous trouvons déjà le socialisme inclus dans la doctrine et les écrits de Luther, nous avons le droit de dire que le socialisme allemand est intimément lié et rattaché aux premiers fondements de l'Allemagne.

Le but immédiat de Luther n'était pas de réformer la société civile, mais l'état mental, la conscience et la foi. Il lui suffisait que les hommes aperçussent de nouveau clairement et adorassent pieusement le Christ terni, voilé pendant tant de siècles et enseveli dans le fumier de l'erreur humaine.

Lorsque les paysans recoururent aux armes, aux pillages et aux incendies, Luther les attaqua avec véhémence et les couvrit de sa réprobation. Il les accusait même de

16

ne plus être des chrétiens, parce qu'ils avaient plus souci
des biens terrestres que des biens célestes. « Quelle que
soit la société civile et l'ordre terrestre, celui qui veut
suivre le Christ, le peut. En vérité, l'Évangile est une
étoile qui parcourt tout le ciel, visible partout et pour tous,
même pour ceux qui gisent abattus dans le plus profond
abîme de servitude et de misère. » — Luther ne visait donc
pas aux choses terrestres et à la réforme de l'ordre civil ;
néanmoins, inconsciemment, et malgré lui, il bouleversait
par ses doctrines l'ordre présent de la Germanie. La terre
est dans le ciel et comme mêlée au ciel. Celui qui renouvelle
le ciel, rénove la terre. Aussi Luther en poursuivant seulement l'égalité chrétienne, préparait et assurait également
les voies à l'égalité civile.

D'abord, en annonçant aux serfs et à tous les pauvres
écrasés par l'orgueilleuse cupidité des puissants la chute
de l'Église romaine, qui défendait ces puissants et ces
insolents, il leur prédisait et promettait pour ainsi dire la
défaite et la ruine des princes et des tyrans eux-mêmes.
Toi, pauvre homme, toi, misérable plèbe, les comtes, les
ducs et les princes t'oppriment. Or, qu'y a-t-il sur la terre
de plus puissant et de plus avide que le pape lui-même ? A la
vérité, le pape flagellé par Luther, c'est-à-dire par un
moine sans défense n'est déjà plus le représentant du
Christ, mais l'Antéchrist ; presque toute l'Allemagne le
déteste et rompt le joug romain. Et avec le pape, avec le
diabolique pontife, tous les ministres du pape sont cul-
butés par le ridicule ; les cardinaux s'évanouissent, à la
première lueur de la vérité, comme des fantômes rouges
brillant dans une nuit diabolique ; les archevêques et les
évêques tremblent et se cachent ; l'on vide les monastères,
comme l'on déserte les théâtres, lorsque la comédie est
finie. Lève-toi donc, pauvre homme, et espère. car l'Église
romaine était comme un modèle et un appui pour toutes
les tyrannies ; le tuteur enlevé, tout l'édifice de violence,

d'iniquité et de misère s'effondre ; voilà ce que notifiait Luther sans le dire ; et dans le son de ces paroles, que seuls la Foi et le Christ faisaient retentir, les plèbes malheureuses reconnaissaient pour ainsi dire leurs pensées les plus intimes.

Quelle était cette égalité parfaite et absolue de tous les chrétiens ? C'est la disparition des laïques soumis, des prêtres hautains s'arrogeant certains rapports particulièrement amicaux avec Dieu : quiconque est chrétien, c'est-à-dire a été baptisé au nom du Christ, a plein droit de lire, de commenter et de prêcher les paroles divines. Tout chrétien est prêtre. Lorsqu'à une époque récente le suffrage universel fut décrété en France, beaucoup trouvèrent cette politique trop téméraire et comme monstrueuse. Combien Luther était plus audacieux, lui qui décrétait le sacerdoce universel ! — De nos jours, si tous les hommes sentaient au fond de leur cœur, et, comme le dit Hamlet dans le « cœur de leur cœur », que l'égalité entre tous les esprits, toutes les consciences est d'essence divine, ils ne supporteraient pas un seul jour l'écrasement de toutes les âmes humaines sous le poids de la misère, leur dégénérescence, loin des lumières de la vérité, et des joies de la fraternité. La plupart des hommes ont, en effet, le nom d'hommes, mais ne sont en réalité que des bêtes de somme. Or qui voudrait conférer le sacerdoce à des bêtes de somme ?

De même pour Luther, les sacrements n'avaient de valeur que par la parfaite égalité et communion des chrétiens. La messe privée, dans laquelle seul le prêtre offre le sacrifice pour lui seul, est une impiété et une usurpation. La messe véritablement divine n'est pas un sacrifice, mais une communion. Lorsque le prêtre est seul à manger le pain, à boire le vin, ce n'est plus la communion mais la solitude. Quelle est cette superbe présomption par laquelle les prêtres attribuent Dieu à eux seuls ? Pourquoi se réservent-ils le pain et le vin, et accordent-ils seulement le pain aux laïques ? Pourquoi à eux Dieu tout entier,"et aux autres la moitié de Dieu ? Dans toutes les messes célébrées par les prêtres, le pain était divin, parce qu'il était partagé avec les chrétiens présents ; au contraire le vin restait vin d'essence et d'apparence, parce qu'il était réservé au prêtre orgueilleux. Là est seulement Dieu où subsistent l'égalité et la fraternité chrétienne... Merveilleuse source à la vérité de l'égalité même civile !

Mais laissons la théologie et abordons de plus près la philosophie pure. Quel est le sentiment de Luther sur le libre arbitre, sur la nature ? Le socialisme dépend de la définition du libre arbitre et de la nature. En effet, pour ce qui regarde le libre arbitre, si l'homme est par lui-même pleinement et absolument libre et apte à accomplir le bien, en quoi importe-t-il de l'aider et de corriger l'ordre des choses et la condition des citoyens de manière à ce que la lumière de la vérité brille toujours chez l'homme et que l'amour du bien et du juste y soit fortifié ? Si chacun dépend seulement de soi et ne vaut qu'en soi et par soi, il n'y a pas lieu de se soucier de l'ordre universel des choses et de la vie humaine. Si, au contraire, l'homme est seulement libre, lorsque la vérité l'illumine et que la justice le façonne, celui qui allie la vérité et la justice aux choses humaines, celui-là affermit et rehausse chez chaque homme sa propre liberté intime. Et elle n'est pas opposée au socialisme la définition qui fait dépendre le libre arbitre de la vérité et de l'équité.

Luther niait le libre arbitre ; se servant, selon son habitude, des mots presque violents, il prétendait que le jugement de l'homme était l'esclave de Dieu. Quoi de plus débile, de plus frêle que l'homme corrompu et courbé sous le péché originel ? Si l'homme s'appartenait, il n'appartiendrait pas à Dieu. La puissance, la souveraineté ne se partagent pas avec Dieu. Ou bien Dieu n'est rien chez l'homme, ou bien l'homme est nul avant l'apparition de

Dieu. Par ses propres forces, l'homme ne peut ni fuir le
bien, s'il est dans le bien, ni s'évader du mal, s'il est dans
le mal. La volonté humaine ressemble à une bête de trait,
et, selon qu'elle est montée par le Diable ou par Dieu, elle
véhicule Dieu ou le Diable. Par elle-même elle ne peut ni
charger Dieu ni le Diable, ni les renverser. L'homme n'a
la faculté du changement ni en mieux ni en pire. Le jugement est asservi ; mais l'âme elle-même n'est pas esclave,
puisque sa nature est précisément de ne pas se gouverner
elle-même. Elle ne souffre donc pas de violence, elle obéit
simplement à sa nature.

Qu'est-ce donc que ce libre arbitre que quelques-uns
attribuent à l'homme ? Est-il parfait et absolu ? Alors ils
nient Dieu et l'isolent de l'homme. Si au contraire de leur
définition du libre arbitre de l'homme découle pour lui
la nécessité pour accomplir le bien, du secours de la grâce
et de l'aide de Dieu, n'est-ce pas là une amère raillerie pour
le malheureux tourmenté par une liberté falsifiée. — Toi,
si tu es pauvre, si tu es riche, tu ne l'es qu'autant que cela
plaît à Dieu ! Toi, esclave chargé de chaînes, tu seras roi,
pour peu seulement que cela plaise à Dieu ! O pauvre
richesse ! O captive liberté ! O puissance asservie ! N'est-il
pas mieux que notre servitude vienne de Dieu, afin que
par elle, en nous confiant au Christ, nous devenions libres ?
Dira-t-on que les promesses de Dieu sont vaines, que vaines
sont ses menaces, si l'homme n'est pas libre ? Mais dans
les courses olympiques, la couronne étant promise à tous,
cependant tous ne devaient pas la remporter. L'homme ne
peut accomplir les prescriptions divines par son seul
mérite. Nous ne pouvons faire tout ce que nous devons.
Pourtant, n'est-il pas inique que Dieu veuille la mort du
pécheur, si c'est lui-même qui a mis le péché dans l'homme ?
Dieu est invisible et sa volonté impénétrable. Il faut dis-
tinguer entre Dieu révélé et Dieu caché, c'est-à-dire entre
le verbe de Dieu et Dieu lui-même. Dieu par son Verbe

appelle tous les hommes au salut ; mais Dieu, par sa Volonté, pousse ceux-ci vers le salut, ceux-là vers la mort. Et cela n'est pas injuste, car nous ne possédons pas la véritable mesure de Dieu et les règles de sa justice. Il y a trois degrés de la vérité, et comme trois lumières, la lumière naturelle, la lumière de la grâce et la lumière de la gloire divine. — Avec les lumières naturelles, nous sommes offusqués de voir le plus souvent tout réussir dans cette vie terrestre à l'homme méchant et impie ; mais avec les lumières de la grâce, nous apercevons que la vie terrestre n'est qu'une parcelle de la vie humaine, et qu'au-delà de celle-ci une récompense est réservée au juste, un châtiment à l'impie. — Pourquoi Dieu a-t-il prédestiné celui-ci au bien, celui-là au mal ? Avec les lumières de la grâce, nous ne comprenons pas clairement, et nous balbutions témérairement que la justice est violée. Mais lorsqu'il nous sera donné de pénétrer dans les profondeurs de la gloire éclatante de Dieu invisible, alors la divine volonté nous apparaîtra pleinement juste et bonne. Donc Dieu fait tout en nous, et nous ne valons rien si ce n'est par la vertu de Dieu.

Tout d'abord nous nous étonnons que ce Luther, qui a secoué le joug de Rome et délivré l'âme de l'homme de toute domination extérieure et étrangère, soumette tellement la volonté humaine au joug divin qu'il arrive à proclamer l'asservissement du jugement. Mais Dieu n'est pas une force extérieure et étrangère ; il se manifeste comme le souffle intime de la conscience. Quand il enlevait à la conscience humaine l'appui extérieur de l'Église romaine, Luther pensait à lui donner comme support Dieu lui-même. D'ailleurs relisez l'histoire, vous verrez que philosophes ou théologiens, tous ceux qui ont livré l'homme intime à Dieu, l'ont préservé de tout contact avec une force ou domination humaine. Ainsi les stoïciens, ainsi les jansénistes. Au contraire, les jésuites qui ont défendu la plénitude du libre arbitre, chargeaient l'âme pseudo-libre des chaînes extérieures.

Au point de vue socialiste, ceux qui proclament le néant d'une liberté abstraite et de pure indifférence et affirment que l'homme est seulement libre en obéissant à Dieu, ceux qui en philosophie et en théologie rejettent une fausse et menteuse image de la liberté, ceux-là en économie politique répudient la vaine image d'une liberté qui n'a que le nom de liberté et non sa substance réelle. — Celui-là seulement est libre, a dit Louis Blanc, qui non seulement a le droit, mais encore la faculté et le pouvoir d'agir. — Nous Français, nous considérons plus souvent, tant en philosophie qu'en économie, chaque volonté d'une façon abstraite, séparée et isolée de tout ordre de faits, comme se suffisant elle-même, le pouvoir en tant que pouvoir ; puis nous soutenons que tous les hommes sont également libres. De là cette sentence économique : « Chacun pour soi. »

Au contraire, les Allemands ont l'habitude de rattacher chaque volonté individuelle à l'ordre universel des choses divines et humaines. La volonté humaine vaut seulement par Dieu ; et dans l'État la liberté politique ne vaut que selon la justice qui aura été ordonnée entre les citoyens par l'État lui-même. — Emmanuel Kant lui-même, bien qu'il ait déclaré la volonté humaine absolument libre, n'a pas défini la liberté une vaine faculté de pouvoir choisir entre des motifs contraires ; il l'a fondée sur le devoir universel. Est libre l'homme qui voit le devoir identique pour lui comme pour toutes les créatures raisonnables. Chaque homme est libre par cette loi morale, dont l'importance domine toute l'humanité, la terre et le ciel. — Quoi d'étonnant, si, après avoir placé la liberté morale dans la loi morale, les Allemands font reposer la liberté civile sur la loi civile. Ceux-là même qui confondent la liberté morale avec le devoir, confondront la liberté civile avec

22

la justice, et ils proclameront énergiquement le néant de la liberté sans la justice. — Par conséquent, lorsqu'il n'a pas voulu dégager et abstraire la volonté humaine de la divinité, Luther a esquissé cette conception de la liberté vraie, qui en économie politique deviendra le socialisme.

De même, la doctrine de Luther sur la nature des choses converge vers le socialisme. Ceux qui en Économique résistent au Socialisme affirment plus souvent que la nature des choses est en soi excellente et la meilleure possible. Dans l'univers, nous avons les harmonies divines, dans la société civile, les harmonies économiques. Suivons seulement la nature qui par le mécanisme de ses propres lois effectue tout le bien possible ; ne provoquons pas son évanouissement par une audace et une volonté téméraire. Luther, au contraire, répète que la nature a été saisie et corrompue par le péché ; il n'est pas naturel que l'homme privé de secours puisse vivre selon la justice. Le monde lui-même a succombé, a dépéri sous le poids du péché. Le soleil ne resplendit plus comme avant le péché ; les bêtes elles-mêmes ont perdu leur innocence première ; dans l'État, dans le monde tout a été infecté par la contagion du mal. Quelle est donc l'attitude de ceux qui s'efforcent d'écarter l'avènement de nouvelles lois justicières d'un nouvel ordre de choses plus équitable, et qui s'écrient : « Cela n'est pas dans les habitudes ; c'est contraire aux coutumes ; cela ne s'adapte pas à la nature des choses. » Ne prennent-ils pas eux-mêmes, ne proposent-ils pas aux autres une nature corrompue comme la règle de la justice ? Si le monde est en désaccord avec la justice, ce n'est pas la justice qu'il faut immoler, c'est le monde qu'il faut sacrifier.

Et Luther emporté s'écrie de toutes ses forces : « Que le monde périsse, place à la justice ! » Par monde, il faut entendre la corruption du monde présent. Car, de même que Luther n'a pas voulu abstraire et isoler la volonté humaine de la divinité, de même il se refuse à séparer et à isoler la

justice de la nature même des choses et du monde visible.
La justice ne s'accomplira pas en dehors de la nature des
choses et du monde visible, mais dans le monde lui-même
corrigé et amendé. La justice ne resplendira pas dans les
froides régions de la mort, mais dans la vie elle-même ;
elle se mêlera pour ainsi dire à la lumière du soleil visible.
L'ordre des choses et l'ordre de la justice s'enveloppent
et s'entrelacent à ce point que la nature pâtit de tout ce
que souffre la justice. Si la justice s'obscurcit, le monde
s'affaiblit, et dépérit. De même que la nature s'écroule à
la suite de l'âme dans les mortelles ténèbres de l'ignorance
et de la méchanceté, de même, à la suite de la rénovation de
l'âme revivifiée par le Christ, le monde se retrempera et
se libérera de la mort, du péché, de l'ignorance et de la
nuit. Qu'est le Christ si ce n'est Dieu lui-même présent dans
la nature des choses et le monde visible ? Dieu n'est-il pas
partout, « même dans l'égoût et les entrailles des animaux »?
De vains et frivoles théologiens, comme Origène, qui, à
la façon des philosophes grecs, errent sans cesse dans les
abstractions, s'épuisent en subtilités et convertissent en
symboles et en figures toutes les véritables réalités, tous
les faits vrais du monde visible narrés par les écritures
— ceux-là Luther (dans ses commentaires de la Genèse)
les apostrophe violemment. Le Paradis n'est pas une région
idéale de la pensée, mais un jardin véritable, spacieux et
fleuri, et tourné vers l'Orient. Véritable aussi était l'Arbre
de Vie, par lequel sans autres aliments, les forces se recons-
tituaient ; ou plutôt il était une forêt d'où la race humaine
multipliée, pouvait extraire la vie. Ainsi à la nature même
des choses sera mêlée la virtualité du Diable ou celle de
Dieu ; et ce n'est pas dans des régions ignorées ou fictives,
mais dans le monde lui-même que ces deux puissances
luttent pour le bien et mal. C'est pourquoi tout le monde
est impliqué dans cette lutte entre le bien et le mal, entre
la vie et la mort. De même que la mort s'est répandue de

24

l'homme en état de péché, jusqu'à la racine de toute vie,
de même la vie de l'homme retrempée dans le Christ est
entraînée vers l'immortalité, imprègne d'immortalité,
comme d'une divine contagion, tout ce qui existe. L'homme
ne se réveillera pas seulement immortel, mais encore tout
ce qui a été, les animaux eux-mêmes, les plantes elles-
mêmes, et toute vie qui s'est évanouie, et tout flot qui a
passé. Un nouveau ciel se refera, une nouvelle terre se
reformera ; non pas un ciel théologique, non pas une fan-
tasmagorique figure de la terre, mais un ciel vrai, une terre
véritable. Il ne faut donc pas dire : La justice est de l'autre
monde ou en dehors du monde. Elle brillera un jour sous
le soleil des vivants et le ciel visible. En vérité, ne recon-
naît-on pas là l'esprit même du socialisme qui s'applique à
faire pénétrer la justice, non pas dans les espaces vides et
glacés de la mort, mais dans la vie elle-même, et dont la
foi embrasse le monde tout entier dans un immense désir
de justice.

Dès les premières prédications de Luther, le peuple
allemand tout entier, toute la plus misérable populace de
l'Allemagne se prit ardemment à désirer et à espérer
l'avènement d'une justice parfaite même sur la terre. Elle
frappait surtout de sa haine farouche les usuriers. Luther
avait envoyé à tous ses porteurs son libellé sur les usures,
afin que partout ils condamnassent le prêt à intérêt et
invitassent les usuriers à la restitution. Je sais bien qu'à
ses origines l'Église avait protesté contre l'iniquité du
prêt à intérêt et infligé de sévères condamnations aux
laïques comme aux clercs, que dans la Somme de St-Thomas
une scrupuleuse et judicieuse argumentation requiert contre
l'iniquité et les abus désastreux du prêt à intérêt. — Mais
dans le livre de Luther apparaît quelque chose de nouveau
et d'inédit. La véhémence de ce pamphlet si populaire est
telle que l'on semble y entendre les vociférations de la
multitude accablée de souffrances, et qu'il annonce moins

un théologien qu'un socialiste et presqu'un démagogue.
« L'usure est condamnée par les lois divines et humaines,
et c'est pratiquer l'usure que de réclamer ou d'accepter
quoi que ce soit pour le service rendu par le prêt à usage.
C'est pourquoi, ceux qui, en échange d'un prêt, exigent
cinq, six pour cent ou plus, sont des usuriers, et ces idô-
lâtres méritent d'être appelés des adorateurs de l'Avarice,
des sectateurs de Mammon. » Ce texte et ce thème devaient
être soigneusement inculqués au peuple par les pasteurs des
églises avant ou en guise de sermons. Sous aucun prétexte,
ils ne devaient omettre d'y insister ni ne laisser détruire cette
proposition par des interprétations ou des objections. Ils
ne devaient pas s'arrêter devant les clameurs de ceux
qui s'écrieraient : Si les choses étaient ainsi, presque tout
le monde serait damné, car il n'est presque personne qui
ne veuille être indemnisé d'un service rendu. En effet,
que pèse la coutume du monde, quand elle fait obstacle
au droit, à l'équité et au verbe de Dieu ? Qu'est-ce autre
chose que l'injustice et l'iniquité, l'avidité et le penchant
à tous les péchés et crimes ? Et n'a-t-elle pas été répandue
cette plainte que le monde est mauvais, qu'il doit périr
pour faire place à la justice ? Mais quoi, objectent les
maîtres usuriers, condamnez-vous le prêt à intérêt ? Est-ce
que, selon les circonstances je ne rends pas un grand
service, un bienfait signalé en procurant à mon prochain
l'usage immédiat de cent pièces d'or, à la condition que
le loyer m'en rapporte annuellement cinq, six ou dix ?
Est-ce qu'alors mon prochain ne se croit pas tellement mon
obligé qu'il me témoigne une reconnaissance toute particulière. Mais ce n'est pas de bienfaits, mais de préjudices
que l'usurier accable son prochain, absolument de la même
façon que s'il l'extorquait par quelque vol ou escroquerie.
A la vérité, ce ne sont pas toujours des bienfaits que ces
services appelés devoirs de bienveillance humaine. Ainsi
l'homme et la femme adultères ont le sentiment de s'être

réciproquement rendu une rare affection et des bienfaits particulièrement agréables. Et le diable rend les services les plus signalés à ses adorateurs qui se sont jetés d'eux-mêmes dans la servitude.

Que les usuriers n'insistent pas en disant que personne n'emprunte malgré lui. Car celui qui est déprimé par la pauvreté et la faim n'a déjà plus sa liberté intacte, entière, et c'est en hésitant qu'il se livre à l'usurier. La nature de l'argent n'est pas de porter des fruits. Donc, la fécondation de l'argent est une chose contre nature. En effet, l'argent ne vit pas et ne porte pas de fruits comme l'arbre ou le champ qui chaque année rend plus qu'il n'a reçu et coûté. L'usure est donc un gain honteux, un commerce déshonorant. Les usuriers sont des voleurs qui dépouillent et pillent tranquillement assis dans la quiétude de leur demeure. Bien mieux, ce sont des homicides. Même si nous n'étions pas chrétiens, le jugement de la raison nous dicterait les mêmes conclusions qu'aux païens et nous convaincrait que l'usurier est un meurtrier. En effet celui qui enlève à un autre ce avec quoi il devait se nourrir, qui l'épuise et le dépouille pour satisfaire son propre appétit, celui-là commet un grand crime, car c'est comme s'il forçait son prochain à mourir de faim et le détruisait radicalement. Voilà les agissements de l'usurier qui ne s'en asseoit pas moins sur des sièges bien rembourrés ; il vit en sécurité au milieu du faste et est accablé de grands honneurs, lorsqu'il pendrait plus justement au gibet et devrait être déchiré et dévoré par autant de corbeaux qu'il a volé de pièces d'or, si seulement leur cadavre pouvait fournir assez de chair pour qu'autant de corbeaux puissent s'y dépecer une nourriture suffisante. Mais au lieu de cela, ce sont les petits larrons qui sont pendus et tous ces minuscules voleurs qui n'ont soustrait par hasard qu'une ou deux pièces d'or.

Les richesses amassées par les avares et les usuriers sont

aussi vaines, aussi inutiles qu'injustes. Le Prince a juste autant d'aliments et de vêtements qu'il est utile, et après sa mort, il pense ne pas en laisser plus qu'un paysan ou un mendiant. Mais l'amour de l'argent, l'avarice, l'usure amasse, accumule, arrache, amoncelle et thésaurise comme s'il voulait tout consommer et emporter avec lui hors du monde. Cependant il ne retire pas plus de tous ses biens que l'alimentation et le vêtement. En effet, moyens d'existence ne signifient pas nourriture d'un cheval et comme abri l'étable d'un porc, mais les choses dont chacun a besoin suivant sa situation sociale. — Les avares et les usuriers ne sont pas seulement excités par le désir de la volupté et d'une vie fastueuse, mais par un indéfinissable esprit de présomptueuse domination sur les autres hommes. Telle est l'insolente arrogance de leur orgueil qu'ils désirent et veulent être des dieux pour les autres hommes. Ces présomptueux suivent uniquement l'exemple de leur patron le Diable qui, même dans le ciel, a voulu pratiquer l'usure, exercer son avarice et s'arroger la divinité ; mais c'est avec peu de bonheur qu'il a mis en œuvre, usure, avidité et pillage, car c'est ce qui perdit et précipita sa chute ; et par l'admirable et inexprimable beauté de Dieu, il devint de tous les ennemis de la Divinité, le plus repoussant, le plus hideux.

En présence de la trop lâche indifférence du juge dans la répression de l'usure, peut-être parce qu'il est par certains côtés trop faible pour résister au mal et l'extirper totalement, les ministres de l'Église doivent enseigner le peuple et l'accoutumer à considérer les usuriers comme des diables incarnés. De même, les instituteurs doivent élever les enfants et les jeunes gens, de manière à ce qu'ils soient soulevés de crainte, de mépris et de dégoût au seul nom d'usure. L'usurier est un épouvantable monstre, plus horrible, plus dangereux que Cacus lui-même. Si pernicieux, si pestiférés que soient les usuriers, loin d'accepter ces tristes dehors, ils défendent leurs rapines et revendiquent chacune de leurs opérations comme des actes de charitable complaisance ; sous les différents masques dont ils se parent, ils se proclament bons et honnêtes, veulent passer pour tels et vantent leurs bons offices avec une prolixe ostentation, afin que l'on ne puisse apercevoir comment « ont été emmenés les bœufs ». (Cacus ne les a-t-il pas fait entrer dans sa caverne à reculons en les traînant par la queue ?) — Qu'Hercule entende le mugissement des bœufs, c'est-à-dire les cris plaintifs des captifs et des opprimés, dont les clameurs implorent à présent les princes et tous les magistrats ; qu'il cherche et recherche Cacus même « in saxis et rupibus », qu'il délivre les bœufs soustraits par ce monstrueux tyran. Cacus, en effet, représente cette malfaisante espèce d'hommes dangereux, tels que sont nos pauvres et braves usuriers, qui volent, pillent, escroquent, absorbent et dévorent tout, et pourtant ne veulent pas paraître aussi nuisibles que leurs méfaits. Ils pensent que nul ne pourra les trouver, les découvrir, les saisir, puisque les bœufs ne sont pas entrés dans leur antre, mais y ont été entraînés à reculons par la queue, afin que leurs traces puissent déjouer les recherches et faire croire qu'au contraire les bœufs ont été emmenés. De même les usuriers espèrent aussi pouvoir abuser et duper le monde, comme s'ils donnaient des bœufs au monde, c'est-à-dire beaucoup d'avantages, et prodiguaient les plus grandes utilités. lorsque au contraire, ce sont eux qui accaparent tout pour la satisfaction de leurs voraces appétits. — Mais, dit l'usurier, je ne prête pas d'argent aux pauvres et aux indigents, mais aux riches qui ont de trop ; donc je ne cause la perte de personne. — Je t'en prie, très perspicace, très fin usurier, très ingénieux et très délié meurtrier, afin de mériter d'entendre ma réponse à ton objection, dis-moi à qui tu nuis, à qui tu causes du dommage, qui tu lèses, qui tu opprimes surtout, sur qui tu pèses de préférence quand tu exerces ton métier? N'est-ce pas aux plus humbles, aux plus pauvres que tu es le plus à charge ; ce sont eux qui sont les plus lésés, les plus opprimés, eux qui, grâce à tes exactions, sont réduits à un tel dénuement qu'ils ont à peine une obole, une croûte ou petite bouchée de pain, tandis que, grâce à tes manœuvres, les prix de toutes choses sont enflés, les comestibles, les boissons et tous les objets de première nécessité sont vendus très cher. Est-ce que, poussés à toute extrémité, ceux-là ne sont pas forcés, pour satisfaire l'usurier, de vendre leur maison, leurs champs, leur ferme et tous leurs biens et parfois même leurs propres enfants.

A Rome, à Athènes et dans les autres cités, lorsque des citoyens accablés d'intérêts à payer, devenaient la propriété des usuriers, sur qui, je t'en prie, retombait le préjudice ? Quels étaient les plus frappés, sinon les plus faibles? Ils avaient la possibilité de quelques moyens d'existence, mais l'usure leur a tout consommé, tout dévoré jusqu'à leur propre personne tombée dans l'esclavage. Le diable te doit peut-être quelque obligation pour ne pas mettre à nu les indigents et les plus nécessiteux. Cependant comment dépouiller ceux qui n'ont rien ? Nous n'ignorons pas que tu ne prêtes pas ton argent à ceux qui sont absolument dépourvus de tout. Tes manœuvres réduisent pourtant à la mendicité les riches et ceux auxquels il reste encore quelque chose. Tu es en ce monde un dieu si grand, si puissant, que tu peux abaisser les riches au rang des pauvres, supprimer toute différence entre eux. Enfin, combien de pères de famille n'ont pas ou ont à peine une pièce d'or par semaine pour nourrir eux et leurs nombreux enfants; combien sont-ils ceux auxquels leur travail ne suffit pas à l'acquisition du pain quotidien, car ton avarice est la cause du renflement des prix, de la trop grande cherté de toutes choses.

Admirons l'abondance de la moisson socialiste de ce

pamphlet de Luther. Ses définitions ne se rapportent pas exactement aux propositions actuelles des socialistes, car aujourd'hui il ne s'agît guère de prêt à intérêt, mais du capital, qui croît et se multiplie dans les affaires, le commerce et l'industrie, grâce au travail des salariés. De nos jours, l'on appelle surtout usure celle qui consiste à enlever une partie du fruit de son travail, soit à celui dont la sueur féconde une terre qui lui est étrangère, soit à cet ouvrier asservi à des machines d'insolente voracité. — Lorsque Luther parut et lança ses imprécations contre l'usure, les rapports universels dépendaient plus des personnes que des choses ; celui-là prêtait qui donnait à usage un fond de terre à un autre homme, lui fournissait moins la terre qu'aide et protection contre les vagabonds et les voleurs ; le débiteur, c'est-à-dire le colon, le fermier, ne devait pas seulement une partie des fruits de la terre, mais encore respect et fidélité. De même pour ce qui regarde l'industrie, il n'y avait presque pas de machines et les ouvriers n'étaient pas rassemblés dans d'immenses bâtiments, mais disséminés dans de petits ateliers, il existait de nombreux petits patrons qui occupaient à peine comme collaborateurs, trois, cinq ou vingt ouvriers.

Dès la découverte du Nouveau-Monde, cette société si calme et presque endormie commença à se désagréger. Les mines du nouveau monde regorgeaient d'argent et presque tous se mirent à désirer de nouvelles richesses et furent pris d'appétits nouveaux. De là, la première apparition du pouvoir équivoque de l'argent, diabolique divinité tantôt bonne, tantôt mauvaise.

L'Argent n'avait pas encore porté sa domination dans l'industrie, il errait et vagabondait à la recherche de victimes à dévorer, il s'insinuait à travers toutes les fissures d'une société troublée ; il soufflait l'usure et de nouvelles cupidités sur ce monde jusqu'alors tranquille et à demi assoupi. Il ne sévissait pas encore sur le régime du Travail, mais sur le prêt. Quand Luther se répand en invectives contre ces premiers essais de domination de l'Argent, il invective l'Argent lui-même.

Par suite de nouvelles voies offertes au négoce par la découverte du nouveau monde, les riches négociants se coalisèrent pour accaparer tout le commerce par la force de l'Argent. Ces associations de marchands comme le dit Luther lui-même, gonflèrent les prix de toutes les choses nécessaires. « Ils étouffent la circulation des céréales, en achetant toutes celles qu'ils espèrent voir hausser les prix, les séquestrent et les amassent, puis prétendent ne vouloir les vendre que là où ils pourront en tirer le prix qu'il leur plaira. Ainsi, ils font la cherté et la rareté des céréales et autres objets de vente ; ils tendent et augmentent le prix du blé, de la farine, de l'orge et autres objets nécessaires à l'alimentation, et précisément en vendant plus cher, ils dépouillent épuisent et dévorent par ces manœuvres la misérable plèbe, et s'essuient ensuite le visage comme après une belle action. »

Bien que Luther n'ait pas embrassé la question sociale dans son intégralité, il n'en a pas moins posé les bases du Socialisme. Avec une admirable perspicacité, il a vu la puissance reproductive de l'Argent, abandonnée à elle-même, amenant successivement à la pauvreté la plupart des gens aisés ou riches, aggravant même la pauvreté des indigents et des plus faibles. — La grande industrie rejette les petits patrons dans le salariat, afflige les ouvriers eux-mêmes d'une existence plus pénible, plus inquiète. Luther, bien avant le développement de l'industrie, a prévu la fatalité qui pousserait les hommes, si la conscience humaine se ne mettait pas en travers, sous la domination économique d'un petit nombre de privilégiés. Le premier, Luther a formulé toutes les réponses aux objections faites au socialisme.

Le socialisme enchaînera-t-il la liberté humaine ?

Mais la véritable liberté ne consiste pas dans une hardiesse désordonnée, dans un dérèglement dénaturé, mais dans la communion fraternelle des hommes. — Est-il illicite et injuste que la loi intervienne dans « les contrats passés entre hommes libres ?» Mais celui qui est plus pauvre n'est pas libre : son premier tyran est la faim ; les conditions de prêt ou de travail qui lui ont été indiquées, il les supporte plus qu'il ne les fait, il les subit plus qu'il ne les accepte, les voulant à la fois et ne les voulant pas. — Celui qui procure de l'argent ou du travail et prélève ensuite un intérêt ou une part du travail accompli, comble-t-il de bienfaits son prochain ? Bienfaits bien futiles et bien trompeurs. Le service est nul et contraire à la fois à la vérité, au christianisme et à l'humanité, puisque malgré les plus rudes travaux, le pauvre reste pauvre et rempli d'amertume, puisque malgré une honteuse oisiveté, le riche devient plus riche et plus arrogant.

Karl Marx, dans son livre sur l'Argent, cite souvent Luther, dont il a repris et rajeuni l'argumentation. Il fait surtout honneur à Luther d'avoir mis au jour l'adresse de l'Argent à faire paraître ses absorptions et ses exactions comme des services presque humanitaires, et d'avoir mis en lumière l'âme et comme les derniers replis du cœur de l'argent, lequel vise moins au plaisir, qu'à des limites, qu'à l'arrogance et à la domination. — Imaginez un homme accaparant toute l'industrie, tout le commerce, et toutes les terres, et demeurant l'unique possesseur et répartiteur de toutes les richesses terrestres. Certes, celui-là ne consommera pas plus de boissons, d'aliments ou de courtisanes qu'il n'en faut à une seule personne. Mais il aura beaucoup plus de pouvoir qu'il n'en convient. Il sera le vrai Dieu de la terre. Si l'argent tendait seulement au plaisir, comme vers sa fin unique et naturelle, il s'arrêterait et se rassasierait. Mais il se repaît d'orgueil et de vanité, il est insatiable et n'a ni arrêt ni repos, à moins de resplendir en pleine omnipotence divine. Cela précisément est diabolique, et l'argent lorsqu'il s'arroge lui-même le droit de gouverner et de dominer, est dans la société humaine, la semence du diable.

Dans le mouvement de la Réforme, l'on trouve parmi les contemporains ou les disciples de Luther de plus violents réquisitoires contre l'Argent que ceux de Luther lui-même. Ils brûlaient d'établir même dans l'ordre civil et la société terrestre l'égalité absolue des chrétiens. Les pamphlets analysés par Jansens et qui portaient le titre de « Constitution de l'empereur Frédéric » ou de « Réforme de l'empereur Sigismond », définissaient et proposaient la même forme parfaite du socialisme qui s'appelle aujourd'hui collectivisme. Ils voulaient que tous les travaux nécessaires fussent accomplis par les soins de toute la nation, et grâce à la communion des citoyens, et qu'il y eût de grands édifices où toutes les choses nécessaires à la vie auraient été fabriquées socialement et vendues au juste prix. Telle est justement aujourd'hui la doctrine du socialisme allemand, laquelle ne pouvait être mise en pratique au xvi⁰ siècle avec une poussière d'industrie disséminée et éparpillée à l'infini à cause de l'absence des machines. — Quoique se rapprochant davantage du socialisme lui-même, ces pamphlets n'aidèrent pas autant au développement du socialisme allemand que les écrits de Luther, qui répandirent au loin, à travers les nations et les siècles, les violentes clameurs des misérables et les germes de l'égalité chrétienne.

La Réforme imprégna pour ainsi dire le génie de l'Allemagne d'un esprit particulier qui se reconnaît même dans son socialisme. En effet, si l'on compare le génie de la France et le génie de l'Allemagne, les Allemands concilient volontiers et unissent les contraires qui paraissent se combattre, tandis que les Français embrassent avec amour l'un des contraires, pour mieux haïr et écraser l'autre. Les Français opposent la raison à la foi, la liberté individuelle à la puissance collective. Les Allemands interprètent la reli-

gion chrétienne avec la raison ; et ils assurent que la liberté
de chacun peut seulement être établie et garantie grâce
au pouvoir et au droit de l'État. — La Réforme, en accordant solennellement à chacun la liberté d'interpréter et
de commenter, puis en libérant simultanément la raison
et la conscience, mais en leur donnant les saintes écritures
comme fondement, afin que du berceau de la foi la raison
montât vers la lumière et la vie, la Réforme prépara la
mentalité allemande à l'embrassement des contraires.

II

DE L'ÉTAT CHEZ KANT ET FICHTE [1]

---

(1) Dans ce chapitre M. Jaurès a principalement commenté le septième volume de l'édition des œuvres complètes d'Emmanuel Kant : *La Science du Droit* et les *Considérations* de Fichte sur la Révolution française.

Les philosophes allemands, comme Kant, Fichte, qui ont vécu et écrit à la fin du xviiie siècle se sont efforcés de concilier deux cités idéales pour ainsi dire contradictoires, dont l'une dérivait de la philosophie française, et l'autre de la monarchie prussienne elle-même. En effet presque tous les Français en ce siècle, exaltaient et défendaient les droits et la liberté de chaque homme contre la puissance et la tyrannie de l'État. Pas de société légitime et équitable qui ne soit formée par la libre volonté de chaque individu et dans laquelle cette liberté ne resterait pas intacte et intégrale, même après le pacte social. La Révolution française voulut réintégrer chaque citoyen, chaque homme dans sa liberté propre et personnelle. A la vérité J. J. Rousseau constitue bien par le libre consentement des volontés libres un nouvel ordre civil très vigoureux. Mais l'État n'y trouve pas sa force en lui-même ; il la puise dans les volontés libres qui se sont réunies et qui ont communiqué et délégué une certaine part de leur puissance.

En parcourant l'Histoire de France, l'on est étonné de cette éternelle suspicion contre l'État. En effet dès l'origine, en France, l'État et la monarchie eurent un fondement quasi mystique. Lors de l'établissement de la dernière race royale, lorsque le premier Capet monta sur le trône, l'autorité de la religion chrétienne était encore pleine et entière ; toutes les intelligences étaient tournées du côté de l'Église, toutes les espérances du côté du ciel. Tous croyaient sincèrement et fermement aux choses extranaturelles. Aussi les rois apparaissaient-ils comme des délégués, des instruments de Dieu. C'est de Dieu qu'ils avaient reçu le pouvoir royal ; c'est pour Dieu qu'ils devaient l'exercer. Et comme les rois empruntaient au Ciel pour se l'approprier, cette énorme autorité presque divine, ils se conciliaient l'affectueuse vénération des hommes par de grands égards pour les faibles et les humbles. De là cette dévotion envers le roi Louis IX à la fois pieux et juste. De là, même au XVIIe siècle, lorsque déjà le poids de la monarchie absolue commençait à paraître plus lourd au peuple et que les splendeurs de la gloire de Louis-le-Grand ne masquaient plus suffisamment les misères populaires, l'évêque Bossuet définissait encore le roi comme Dieu lui-même sur cette terre.

Cependant, de temps à autre, dès le XV[o] siècle, des idées nouvelles étaient venues saper les fondements mystiques de la monarchie. Ce fut d'abord la résurrection des lettres latines et grecques, c'est-à-dire l'antiquité elle-même se réveillant d'un long sommeil. Comme cette antiquité avait voulu expliquer le monde par la raison et fonder les états sur la liberté, le supra-naturel se dissipait sous un souffle plus libéral, plus humain, de même que les nuages se dispersent sous un vent vif. Ensuite la Réforme, ébranlant l'Église elle-même, frappait et troublait du même coup la monarchie de droit divin qui s'appuyait sur l'Église. Et comme tout chrétien était désormais aussi près de la Divinité que le prêtre ou le roi et même plus proche s'il cherchait à plaire à Dieu, il n'existait plus, dans la société égalitaire des chrétiens, de région élevée pour les rois où la majesté de Dieu se complaisait de préférence.

Enfin, lorsque la philosophie française du XVIIIe siècle

commença ses analyses et ses investigations et entreprit de remonter jusqu'aux éléments et origines de toutes choses, lorsque la figure elle-même du Christ décrut et disparut dans la médiocrité humaine, la base mystique de la monarchie et de l'État fut arrachée jusqu'aux racines. Et parce que l'État et la monarchie avaient paru mêlés aux superstitions abolies, la monarchie elle-même s'évanouissait comme une superstition.

En même temps, la royauté, qui parfois avait protégé les humbles et les faibles contre la violence et les rapines des nobles, opprimait à présent et blessait de toutes façons ces misérables pour la satisfaction de ses appétits et de ses dérèglements ; de la sorte, elle semblait n'avoir abattu les petits brigands et tyranneaux de la noblesse qu'afin de demeurer le seul grand brigand, le seul grand tyran. Ainsi la monarchie absolue offusqua concurremment la raison, la liberté et les intérêts des citoyens. De là surtout les revendications des philosophes, en faveur de la liberté individuelle de chaque citoyen, à la fois contre la monarchie et contre l'État si longtemps confondu avec la royauté ; de là leur résolution à briser indistinctement toutes les entraves apportées par l'État à la liberté de l'homme et du citoyen.

En Allemagne, au contraire, l'origine récente de la royauté lui permettait de se conformer aux exigences des temps nouveaux, de se plier pour ainsi dire à la nouvelle mentalité des hommes. L'électeur de Prusse étant devenu roi dans les premières années du xviiie siècle, les rois de Prusse ne pouvaient comme ceux de France, invoquer l'autorité presque éternelle des siècles et se forger d'après d'obscures et antiques origines une puissance mystique et surnaturelle. Le roi de Prusse était un roi nouveau, dans le même sens que l'on dit un homme nouveau. Et, après avoir embrassé la Réforme, il ne pouvait plus recevoir de l'Église une autorité divine ; c'était un roi nouveau et entièrement laïque.

Frédéric II était assez philosophe non seulement pour convenir de sa royauté nouvelle, mais encore pour s'en enorgueillir. Souvent dans ses écrits il vante les hommes nouveaux et ne reconnaît d'autre différence entre les hommes que celles du talent et de la vertu. Et, lorsqu'il décrit toutes les cours royales de l'Europe de son temps et leurs souverains vaniteux et orgueilleux et comme étouffés par les prêtres et les moines, « laissons, s'écrie-t-il, tous ces histrions, ces bouffons, tantôt vêtus de pourpre, tantôt portant la mitre. »

Quel est donc le fondement, quel est le titre légal de la nouvelle monarchie prussienne ? Un seul, à savoir qu'elle rapporte tout au bien public, qu'elle rassemble et concentre les forces dispersées et disséminées des citoyens. — Le droit de l'État consiste en ceci : de plusieurs volontés faibles faire une volonté forte ; le droit de la monarchie repose sur la confusion d'un roi avec l'État. — L'anarchie est ce que Frédéric déteste et méprise le plus. Or, l'anarchie se découvre même sous des apparences monarchistes, lorsqu'en France Louis XV ne gouverne pas par lui-même et ne réunit même pas tous ses ministres en conseil directorial, lorsque chaque ministre est livré à ses propres inspirations, — lorsque la légèreté ou le hasard président seuls au choix des ministres, lesquels ne sont souvent pas plus compétents dans leurs services qu'un avocat qui serait chargé de la gestion des choses militaires.

Quant aux discours et aux assemblées de délégués représentant plus ou moins réellement la volonté des citoyens, qu'était-ce autre chose que l'organisation d'une anarchique et imbécile comédie ? A quoi servaient à l'Allemagne ses diètes ? A la vérité les députés parlaient mais ils ne faisaient rien et ressemblaient à des « chiens aboyant vers la lune ».

En France, depuis l'année 1614, le peuple n'avait plus été appelé dans ses comices et, en présence de la domination royale, du luxe de la cour et des dilapidations des finances publiques, toute la nation n'attendait plus le rétablissement normal des affaires et de la liberté que de la convocation des délégués du peuple tout entier. De là, chez les Français, ce respect du parlementarisme. Dans l'Allemagne, au contraire, arbitrairement émiettée en d'innombrables petits états appartenant parfois à des rois étrangers, que pouvaient représenter les diètes, si ce n'est cette funeste division, cette anarchique dérision d'une patrie commune ? Le salut n'était donc pas espéré d'une nation aux sentiments si épars, si dispersés, mais b'.n d'une monarchie qui adjoindrait les autres principautés à son unité fortement constituée.

Cette opposition de la France et de l'Allemagne au sujet de l'État apparaît lumineusement dans un excellent livre sur la monarchie prussienne écrit par Mirabeau et livré à la publicité l'année qui précéda la Révolution française. Sous le roi Frédéric l'État s'ingérait dans toutes les affaires aussi bien économiques que politiques ; le roi lui-même était un grand propriétaire, et ses domaines étaient affermés pour six ans. N'était-ce pas là une première image du collectivisme agraire ? Le roi ne se contentait pas de proposer ; il imposait souvent aux autres propriétaires certains modes de culture, de labourage et d'ensemencement ; il ne conférait ni terres ni bénéfices, sans faire promettre l'adoption du mode des cultures royales.

L'État était industriel, administrateur des mines, et même filateur dans un grand édifice appelé « Lagerhaus ». Lorsqu'une industrie privée périclitait, le roi la nationalisait aussitôt, et, comme le dit Mirabeau, les entrepreneurs devenaient des employés.

Le monopole de plusieurs commerces, de grains, de poissons, était concédé à des sociétés qui en partageaient le bénéfice avec le roi, c'est-à-dire avec l'État. Ainsi

Frédéric a pour ainsi dire tracé le premier une esquisse du collectivisme agraire et industriel. Mirabeau, au contraire, en digne partisan de la liberté économique aussi bien que politique, signale les écarts de l'État prussien en dehors de ses bornes légitimes. L'État a seulement deux devoirs : il doit protéger les citoyens contre toute violence étrangère et maintenir au-dedans la justice et la sécurité. Quant à ce qui touche l'agriculture, le commerce, l'industrie, bien mieux l'instruction civique, cela est uniquement du ressort individuel de chaque citoyen, et non pas de l'État.

Chaque citoyen est plus à même de connaître ses intérêts que l'État qui voit et dirige tout de loin d'une façon générale et confuse. Lorsque l'État s'efforce de favoriser les intérêts particuliers, il opprime et étouffe, comme un hercule qui de son bras puissant voudrait retirer un grain de poussière d'une fleur.

Cependant, après que ce souffle de liberté politique et économique eût imprégné les premières années de la Révolution française et comme rempli les poumons des philosophes allemands Kant et Fichte, ceux-ci, en présence des exemples contraires donnés par l'illustre Frédéric, s'éprirent à la fois de la liberté des citoyens et des droits de l'État, et s'efforcèrent de les concilier.

Kant semble d'abord poser la liberté individuelle comme fondement du droit. Est libre l'homme qui doit et peut remplir son devoir et obéir aux commandements de la loi morale. C'est par la liberté que tous les hommes sont égaux entre eux. C'est la liberté et le devoir qui différencient les hommes des choses et constituent leur personnalité ; donc personne ne doit pouvoir se servir de son prochain comme d'une chose ; l'homme n'est pas un instrument, mais sa propre fin. — Même dans la société civile, cela seulement sera conforme au droit et à l'équité, qui laissera intacte la liberté de chacun. Mais lorsque plusieurs hommes forment une société, il n'est pas permis à tous de tout faire ; il est nécessaire de règlementer la liberté de tous mais rien ne peut rétrécir la liberté d'un citoyen, si ce n'est le droit équivalent à la même liberté des autres citoyens. « Est donc juste l'action qui laisse subsister toutes les libertés dans une règle universelle. » Telle est l'origine ou plutôt l'essence même du droit. Pour tout ce qui regarde le droit public et le droit de l'État, aucune loi ne peut être imposée à un citoyen, si ce n'est avec son propre consentement. Tout le peuple, légiférant sur tout le peuple, fait seul une loi juste. « Le pacte est social » « originel est le contrat », desquels émanent les lois légitimes.

Puisque la République est cette forme de gouvernement qui appelle sans cesse tous les citoyens à la confection des lois par l'intermédiaire de délégués, la République est le droit entier et absolu. En elle le contrat primitif et le pacte social acquièrent leur maximum de force et de puissance effective. Par elle « l'état de nature » disparaît absolument ; il est déraciné. Par elle seulement les nations pourront, comme tous les citoyens, sortir de l'état de nature dans lequel elles sont encore plongées, même en temps de paix, parce qu'en faveur de cette paix il n'existe ni règle ni sanction universellement acceptées. Lorsque toutes les nations seront parvenues à la forme républicaine et que ces républiques se seront fédérées entre elles par une alliance éternelle, alors seulement luira la paix universelle.

En lisant et en méditant Kant, on le prendrait presque pour un philosophe français plein de l'esprit révolutionnaire et se fiant uniquement à la liberté.

Mais voilà que réapparaît le type de l'État qui répugne le plus à la philosophie française. Le contrat constitutif de l'État existe dans la raison, mais non dans le temps. Ils se méprennent ceux qui se moquent du contrat primitif, dont a disserté Rousseau, comme si Rousseau avait dit qu'il fut une époque où les hommes, abandonnant l'état de nature élaborèrent et conclurent un pacte social. Théoriquement, mais non historiquement, le contrat est à l'origine de l'État. En effet, aucun homme n'a pu aliéner une parcelle de sa liberté naturelle, si ce n'est par un quasi assentiment tacite. D'où résulte la conséquence que tous les pouvoirs, par cela même qu'ils existent, s'appuient sur la base dissimulée du contrat.— Lorsque les Français mettent volontiers en regard le droit et le fait, et qu'ils s'efforcent, même au prix de changements violents, de conformer les faits et les choses à un certain idéal de droit parfait, Kant reconnaît dans le fait lui-même, parce qu'il est un fait, une certaine forme de droit.

Il n'est aucun pouvoir sur terre, quel qu'il soit, qui ne découle du peuple comme de sa source naturelle ; par conséquent tout pouvoir, quel qu'il soit, est légitime par certains côtés. Quand plus tard Hegel dira : Tout ce qui est réel est rationnel, tout ce qui est rationnel est réel ; il ne diffère pas autant du grand et noble Kant, que pourraient le faire croire les premières apparences. C'est pourquoi la rébellion contre les pouvoirs existants est toujours et partout un crime. Puisque matériellement et moralement, la puissance dirigeante tire en quelque sorte son origine du peuple, c'est-à-dire du pouvoir législatif, cette puissance dirigeante est le peuple lui-même, donc lorsque le peuple s'insurge contre elle, il s'attaque et se détruit lui-même par une horrible contradiction ; toute rébellion est comparable à un suicide. Quand les peuples mettent à mort leur roi, qu'il s'appelle Charles ou Louis, l'intelligence est frappée d'un certain effroi sacré, comme par un crime contre nature. De tels crimes peuvent seulement s'expliquer d'une façon : Les hommes de désordre craignent d'être eux-mêmes livrés au supplice par le roi qu'ils n'auraient pas tué. La conscience frémirait moins d'horreur, si ces scélérats massacraient le roi, comme un chien, sans aucun jugement. Mais l'institution d'un tribunal où le

peuple juge le roi, c'est-à-dire où la volonté du peuple juge
la volonté du peuple, cela est en vérité une monstruosité.
Tel est cet abîme de crimes et de contradictions qu'il
apparaît à ses scrutateurs de plus en plus profond et inson-
dable. Par ces propositions (l'auteur leur applique le
déterminatif et méprisant « istis »), l'on a maintenant une
suffisante aperception de la majesté et de la force accordée
par Kant à l'État lui-même en tant qu'État. La vraie
puissance supérieure réside moins dans l'addition, l'assem-
blage, la juxtaposition des volontés individuelles que
dans une certaine volonté populaire intime et rationnelle.

La recherche de freins et de précautions contre le pouvoir souverain est ridicule. En effet, le peuple ne peut être
scindé en deux puissances suprêmes, dont l'une tienne
l'autre en bride. Une et unique est la volonté du peuple :
au reste, si le roi le veut, il franchira tous les obstacles qui
lui auront été opposés : quant aux délégués, chargés de
contenir le roi, comme ils en attendront toutes sortes
d'avantages honorifiques ou matériels, soit pour eux-mêmes
soit pour leurs parents, ils deviendront les serviteurs de sa
cour, et non ses gardiens. Quel que soit le suprême pouvoir
dirigeant, il n'a pas reçu son droit à l'existence de lui-
même, mais de l'État. Or, celui qui tire son origine rationnelle et non historique du peuple, n'est pas soumis au
peuple.

Cependant l'État n'est pas éternellement enchaîné à ses
institutions qui doivent être fondées sur le soulagement
des pauvres ou sur la liberté des harangues. En effet,
aucune institution n'a pu fonctionner sans le consentement
tacite de l'État. Lorsque l'État estime surannée, telle
ou telle façon de comprendre le gouvernement ou la constitution, et juge possible l'accomplissement de son but par
d'autres institutions, il peut les changer ou en adopter de
nouvelles. — Puisque tel est, d'après Kant, le pouvoir et
le droit de l'État, il n'est pas besoin qu'il soit expressément

d'accord avec le socialisme ; il l'a certainement favorisé.
En effet, si l'État estime que les conditions et les modes
d'acquisition des richesses ne conviennent plus ou ne sont
plus en harmonie avec la nouvelle mentalité, avec la
nouvelle situation économique, les richesses ne seront pas
plus éternelles que les institutions. L'État ne spoliera pas
les propriétaires, mais ce qu'il avait donné pour quelque
temps, il le réclamera de nouveau comme sa propriété.

Pour ce qui regarde directement la répartition des
propriétés et des richesses, Kant semble tantôt s'éloigner,
tantôt se rapprocher du socialisme. Il affirme que la liberté
et l'égalité politiques des hommes ne peuvent co-exister
sans l'égalité économique. Si aucune loi n'empêche l'homme
dénué de toute propriété d'acquérir et de posséder, l'égalité
est absolue entre tous. Au contraire, le socialisme déclare
qu'à défaut de la loi civile, la loi naturelle des choses empê-
chera les pauvres de parvenir à la moindre propriété,
même par le plus rude labeur. Ici Kant paraît en désaccord
avec le socialisme. Bien mieux, Kant accepte et reprend
la distinction d'abord décrétée par les législateurs de la
Révolution entre les citoyens actifs et les citoyens passifs.
Celui qui n'a pas de « selbstandigkeit », c'est-à-dire qui ne
possède pas lui-même de suffisants moyens d'existence ou
ne les reçoit pas d'un autre homme, celui-là n'aura pas
le droit de suffrage. Et par cela l'égalité n'est pas blessée
puisque la loi qui n'est pas faite par tous est la même pour
tous, et aucun obstacle n'empêche le pauvre de pouvoir
arriver un jour à se suffire à lui-même.

Cette distinction entre citoyens actifs et passifs, bien
qu'elle nous semble contraire à l'égalité, est en quelque
façon conforme au socialisme. Car celui-ci proclame le
néant de l'égalité politique et philosophique ; celle-ci
n'est qu'une dérision, à moins qu'une suffisante quantité
de biens ne soit à la disposition de tous les citoyens. De
plus, les citoyens les plus pauvres, même en possession

48

du droit de suffrage, sont passifs tant que leur existence est subordonnée à une volonté étrangère.

Kant enseigne que celui-là seulement est véritablement citoyen qui possède la liberté et l'égalité avec des moyens d'existence suffisants, de sorte que la devise de l'État ne devrait pas être comme chez nous : « Liberté, Égalité, Fraternité, » mais « Liberté, Égalité, Propriété ». Comme les salariés d'aujourd'hui ne sont pas complètement citoyens parce qu'ils ne possèdent ni un fond de terre ni une industrie qui leur soit propre, comme aujourd'hui d'innombrables ouvriers vivent sous la dépendance d'une volonté étrangère, si l'on veut rouvrir les portes de l'État à ces hommes, il faut les faire participer à la propriété, il faut leur assurer d'une façon quelconque l'existence indépendante. N'est-ce pas là du socialisme ?

Au surplus, la propriété elle-même, d'après Kant, ne provient pas de la propre volonté particulière de chaque individu. Tout homme peut sans aide aucune, occuper une part de terre. Mais occupation ne veut pas dire propriété. L'occupation peut être l'indice ou la condition physique de la propriété, mais elle n'est pas la propriété. — En effet, de quelle façon un homme peut-il posséder ? Il n'y a aucun lien de droit entre un homme et une chose ; donc il n'existe aucun droit individuel d'un homme déterminé sur une chose déterminée. « Quand même un homme serait seul sur la terre, il l'habiterait mais ne la posséderait pas. » Même l'objet que l'homme a façonné par son travail, il ne le possède pas légitimement. En effet, qui lui a concédé la substance de la chose travaillée par lui ? Il n'existe d'autre droit que celui qui relie les hommes les uns aux autres ; le contrat originel qui est le fondement de l'État est au même titre, celui de la propriété.

Une habitation terrestre a été assignée à tous les hommes et, comme il est impossible de vivre sans la terre, la communauté des terres a existé dès l'origine entre tous les hommes.

4

Par là, il ne faut pas entendre la communauté des premiers âges chantée par les poètes, car celle-ci a réellement existé dans le temps ; elle fut un fait, non un idéal. Il ne s'agit pas de la primitive communauté historique et temporaire, mais de la racine originelle de la communauté rationnelle. La naissance de la propriété individuelle est due à la cession faite par tous les hommes d'une part de terre à un individu, à la condition qu'en retour il abandonnât son droit sur les autres choses. Ainsi l'occupation et la mise en œuvre d'un fond de terre sont les conditions de l'octroi de sa possession juridique par l'ensemble des hommes. Mais le droit de propriété en lui-même, comme l'État, procède du contrat social.

Combien nous sommes loin de cette vulgaire théorie économique qui fonde le droit de propriété sur le travail. Si la propriété emprunte uniquement sa légitimité au pacte originel, au contrat social, l'État, en qui vit éternellement et se retrempe le contrat social, n'aura-t-il pas le droit de prendre de nouvelles mesures modifiant les conditions de la propriété ? Ainsi, d'après Kant, le chef de l'État a la propriété souveraine des fonds de terre (obereinge-thümer des Bodens) ; il est le maître du territoire, non pas pour s'en arroger la propriété privée, mais parce qu'il est lui-même la loi et qu'il représente le pacte d'après lequel sont réglées la division et la distribution de la terre. Cependant tous les hommes ont un droit égal de participation à la possession de la terre, c'est-à-dire de la source et de la cause de toutes richesses. Et comme ce droit n'est pas un droit prescriptible, mais rationnel, originel, et pour ainsi dire éternel, est-ce que chacun ne s'efforcera pas de convertir ce droit théorique et éventuel en une participation réelle et immédiate ? Par conséquent, malgré son explication de l'homme tout entier par la liberté, malgré ses répugnances politiques à l'égard du socialisme, Kant converge vers le socialisme dans ses théories philosophiques

50

sur l'État et la propriété. Et il n'y a pas lieu de s'en étonner
si l'on n'a pas oublié qu'il a défini la liberté, non pas comme
un libre arbitre désordonné, mais comme la raison même,
le devoir lui-même. De même que la liberté de conscience
de chaque individu repose uniquement sur le devoir et
la raison, et que la liberté elle-même ne se distingue pas
de la règle de la liberté, de même les droits politiques et
économiques de chaque citoyen ne se discernent pas en
dehors de l'État et du contrat social, qui est la loi normale.
Donc l'individualisme et le socialisme ne s'opposent pas
comme étant d'essence contradictoire, mais s'unissent
et se concilient.

Fichte m'apparaît comme l'image agrandie, amplifiée
de Kant. En effet, ce qui chez Kant se nomme « individualisme » peut se nommer « anarchie » chez Fichte ; et
ce qui chez Kant peut s'appeler socialisme ou plutôt
germe de socialisme, est explicitement nommé collectivisme chez Fichte. Enfin Kant a seulement concilié
l'individualisme et le socialisme ; Fichte concilia l'anarchie
et le socialisme.

Avec les mêmes sympathies que Kant pour la Révolution
française, Fichte de plus ne condamne pas comme lui la
révolte contre les pouvoirs existants ; bien au contraire, il
écrit un livre pour justifier la Révolution française du
crime de rébellion. Aucun pouvoir n'est légitime en dehors
du contrat originel. Or, un contrat ne peut livrer un homme
à un autre homme ; donc il faut détruire les gouverne-
ments et les pouvoirs qui asservissent l'homme. Enfin
l'on ne peut concéder des privilèges pour l'éternité. Si un
jour il a été fait don à la noblesse de quelques droits extraordinaires, ce contrat n'a de valeur qu'à l'égard des con-
tractants eux-mêmes ; il ne peut être rejeté comme une
chaîne sur leurs descendants, il ne peut enchaîner leur
volonté.

Fichte dédaigne presque l'histoire. Celle-ci n'est pas,

comme on l'a dit, la maîtresse, l'éducatrice de la vie. Elle apprend ce qui est ou a été, jamais ce qui doit être. Si les peuples consultaient et suivaient les leçons de l'histoire, ils s'asserviraient aux faits et aux choses, et n'obéiraient plus à la raison. Par cette appréciation de l'histoire, Fichte se rapproche plus des philosophes français que des allemands. Non seulement l'histoire ne peut enseigner de conduite, mais elle ne peut même pas donner des conseils utiles. En effet, lorsque la raison a bien pénétré un peuple ou un homme de ses devoirs, il suffit qu'il les accomplisse de n'importe quelle façon pourvu que la justice ne soit pas blessée.

Il se produit des événements nouveaux et presque sans exemples. Aussi ne pouvons-nous, pratiquement tirer du passé aucune connaissance expérimentale pour le présent. La lumière est une, c'est-à-dire que la raison et la conscience ne manquent jamais de révéler clairement le devoir et la façon de l'accomplir. — La seule utilité de l'histoire est de nous montrer à quels degrés de vertu et de généreux courage, à quels généreux sommets lumineux, peut parvenir l'esprit humain. Alors elle nous révèle l'humanité non pas dans sa médiocrité quotidienne, mais pour ainsi dire revêtue de ses habits de fête.

L'homme n'est donc attaché à l'État par aucun lien moral ou juridique qu'il n'ait lui-même stipulé et incorporé dans le contrat social. Bien mieux, chaque homme peut ne se rattacher à aucun État et demeurer isolé dans sa propre liberté, ou tout au moins fonder de nouveaux États par un nouveau traité avec des hommes nouveaux. L'homme n'a pas accepté les lois du sol sur lequel il est né. Il peut co-exister dans l'État autant d'États que les hommes auront formé de contrats distincts. Ainsi chaque citoyen choisira librement l'État qui lui conviendra ou en fondera un nouveau. Voilà l'anarchie absolue dans toute sa pureté.

Fichte prétend que toutes ces diverses sociétés politiques pourront se juxtaposer sur le même territoire sans aucun trouble. Car aujourd'hui déjà, sous l'aspect d'un seul État, d'une seule Société, n'existe-t-il pas plusieurs états, plusieurs sociétés ? — Qu'est la noblesse avec ses privilèges et son droit particulier si ce n'est un état distinct séparé dans l'État ? Et dans les États militaires, si le militarisme n'est pas un détestable état ou plutôt une citadelle dans l'État, quel est-il donc avec ces sourcils, éternellement menaçants, avec cette arrogance de langage, cette résonance d'épée, ces impertinences et ces insolences à l'égard des bourgeois ? — Qu'est-ce encore que ces Juifs, étroitement alliés entre eux, qui sont séparés des autres hommes comme d'ennemis et qui s'en écartent effectivement par le sang, la religion, la profession lucrative, et par une haine commune du reste de l'humanité, qui accaparent toutes les affaires, toutes les richesses, qui courbent tous les hommes libres sous le joug de l'argent ? Qu'est-ce donc la juiverie si ce n'est un dangereux état dans un État ? Voilà une malfaisante et injuste anarchie que celle qui permet à l'une de ces sociétés d'opprimer et de spolier les autres. Mais si le fondement de chaque État était la liberté individuelle pleine et entière, la liberté de tous les hommes, quel que soit l'État auquel ils appartiendraient, demeurerait inviolée ; et grâce à de libres traités plusieurs états pourraient co-exister sur le même territoire sans heurt ni choc.

Cependant, après avoir poussé jusqu'à l'anarchie le droit à la liberté individuelle, Fichte fait apparaître dans l'État une fois constitué, un socialisme plus fermé, plus étroit. — Fichte ne sépare pas l'économie de la politique ; il soutient l'impossibilité de toute vraie liberté d'action sans un certain avoir. Aussi est-ce le même État qui protège la liberté du citoyen, qui doit également lui assurer une part déterminée de propriété. Puis, comme l'État ne

peut garantir à chacun une certaine propriété sans admi-
nistrer et règlementer de quelque manière le travail et
le commerce — le socialisme et le collectivisme découlent
nécessairement du contrat social lui-même et de l'urgence
à défendre la liberté de chaque citoyen.

III

LE COLLECTIVISME CHEZ FICHTE

(der handelnde geschlossene Staat)

Pour bien comprendre la nature du collectivisme de Fichte, il convient de le rapprocher des dernières définitions allemandes du collectivisme. Fichte a développé ses théories gouvernementales dans un livre édité en 1880 à Tûbingen et qui n'a pas encore été traduit en français. (1). — Schaeffle a esquissé la *Quintessence du Socialisme* dans un opuscule, extrait d'un grand ouvrage, et qui a été traduit en langue française par Benoît Malon.

Voici les déclarations de Fichte : le droit de propriété ne s'applique pas aux choses elles-mêmes ; la propriété des choses est inexistante ; lorsque l'on dit d'un homme, parce qu'il est à même de cueillir les fruits d'un arbre, qu'il possède l'arbre, cela signifie simplement au sens large qu'il peut en cueillir les fruits. A la vérité, nous possédons une activité libre qui peut s'appliquer à un objet quelconque, ou à une question donnée. La terre est à Dieu, et le cultivateur possède seulement le droit d'appliquer librement et exclusivement ses forces à la culture d'une certaine portion de terre. De même, le cordonnier a un

____

(1) Le titre de ce livre est aussi intraduisible en bon français qu'en latin limpide : *der handelnde geschlossene Staat.* M. Jaurès a donné dans son texte ce que j'appellerai le sens juxtalinéaire : *De civitate negotiante clausa.* En voici littéralement les mots français : « L'État commerçant fermé ». — C'est, légèrement teinté de patriotisme, un mélange de prohibitionnisme extrême et de collectivisme national.

certain travail, c'est-à-dire un champ d'action fixe et déterminé. Puisque les choses n'appartiennent à personne, d'où l'homme tirera-t-il le droit exclusif d'appliquer son activité à tel ou tel objet ? Tous les hommes étant égaux, le droit d'un individu est fondé sur l'abandon consenti des autres hommes. — Chaque homme peut conclure un traité avec ses voisins; mais il ne peut lui-même en stipuler directement les clauses avec tous les hommes enfermés dans la même société historique et géographique. Ceux-ci peuvent seulement traiter par l'intermédiaire de cette puissance commune, basée sur la liberté de tous, et appelée État. Par conséquent, le contrat, par lequel se légitime la possession, est un traité émanant de l'État qui stipule avec tel ou tel citoyen pour tous les autres citoyens. — L'État est comme la substance en laquelle le droit de propriété vient prendre sa force ; son devoir ne consiste pas uniquement dans la protection de la propriété ; mais puisque c'est de lui-même que dérivent la propriété et le droit de possession, il doit préserver la légitimité et garder la pureté et l'essence même de la propriété ; et si elle perd ces qualités, il doit la rappeler à son origine et à son droit.

La propriété naît du droit que possède tout homme d'exercer son activité dans une certaine zone de travail, et pour ainsi dire dans une sphère déterminée. Ainsi tous doivent, par une sorte de renoncement tacite, s'abandonner et se concéder réciproquement leur sphère d'action. Mais pour que la renonciation soit réciproque et que le contrat se fasse, il est nécessaire que chaque citoyen, en s'interdisant la sphère des autres, possède une sphère propre que les autres s'interdisent à leur tour. Un tel promet de ne pas toucher à la propriété d'autrui ; il faut qu'autrui promette de ne pas toucher à la sienne. Si ce citoyen ne possède rien, le contrat est inexistant et sans force obligatoire. La société n'a pas d'obligations à son égard, il n'en a pas envers elle. Alors l'homme n'est plus une parcelle

de la société, c'est presqu'une bête, errant à travers de
vains droits apparents, toute préparée et même excitée à
de légitimes déprédations.

Il est pourtant impossible de réserver à chaque citoyen
une part de terre ou d'industrie. Mais comme la propriété
est l'activité libre appliquée à tel ou tel objet, à tel ou tel
dessein, chaque homme aura un travail fixe et assuré,
sera propriétaire ; le droit au travail, voilà la véritable propriété ! « Il faut que tout homme ait du travail et du pain. »
Pour que tous aient du travail, il est nécessaire qu'il y
ait un certain équilibre entre la production et la consom-
mation ; donc entre la société des agriculteurs et la société
des artisans, il faut qu'il existe un certain commerce des
choses produites. Comme l'État seul peut donner une
mesure et une règle à ce commerce, aucun citoyen ne
pourra être agriculteur ou artisan sans la permission de
l'État. Entre les agriculteurs et les artisans, la société des
marchands servira de lien ; elle aussi sera délimitée et
déterminée par l'État lui-même. Et il ne suffit pas que
la quantité des divers produits naturels ou ouvrés soit
fixe et assurée ; leur valeur respective et leur prix relatif
doivent eux-mêmes être fixés. Car en cas d'élévation
subite du coût des frais de la terre, les ouvriers ne pourraient acheter le nécessaire malgré tout leur travail ;
cela en serait fait de la sécurité de l'existence, sans laquelle
le droit au travail est vain. Les variations de prix et de
quantité troubleraient le juste commerce des citoyens
et l'équilibre économique.

Quelle sera donc la mesure de la valeur à choisir ?
Fichte en indique deux distinctes, sans montrer clairement
comment il les concilie et les harmonise ; l'une est « la
valeur d'utilité », l'autre « la valeur de travail ». Tout
d'abord il faut vivre ; par conséquent nous commencerons
par mesurer la valeur des choses à leur efficacité alimen-
taire ; d'autre part, comme de nos jours, les hommes se

nourrissent surtout de pain de froment, le froment sera
pour ainsi dire la valeur type, « l'unité de valeur ».

Ainsi telle quantité d'aliments vaudra plus ou moins que
la même quantité de froment, selon qu'elle renfermera une
plus ou moins grande puissance nutritive. Des savants
expérimenteront et publieront cette relation. Telle est la
valeur d'utilité. — Mais pour produire cette quantité de
blé, un temps déterminé est nécessaire ; pendant ce temps,
le cultivateur se sert d'une maison, de nourriture et de
vêtements. D'où la nécessité de certaines dépenses qui
peuvent être évaluées selon les mœurs d'une nation et
d'une époque. L'estimation de ces dépenses se fait d'après
la valeur relative du froment et de toutes les choses con-
sommées pour sa production.

Dans la société, les besoins varient avec les conditions.
Ainsi le cultivateur, qui travaille dans un air vivifiant, peut
prendre et digérer des aliments qui, comme la plupart des
fruits de la terre, ont, sous un gros volume, une faible
puissance nutritive, par exemple les choux. De même
pour son travail rude et pénible, il n'a pas besoin de vêtements fins. Mais les jours de repos, il est nécessaire qu'il
puisse manger de la viande et que sa nourriture se diffé-
rencie de celle des animaux qu'il mène paître. Il est même
nécessaire qu'un vêtement plus décent et pour ainsi dire
plus humain lui manifeste sa dignité d'homme et l'élève
à son insu à de nobles et généreuses préoccupations. —
Quant aux littérateurs, aux peintres, aux sculpteurs, et à
ceux qui s'adonnent à un travail sédentaire et intellectuel,
tous ils ont besoin d'une nourriture délicate, facilement
cuite et très digestible qui contienne sous un petit volume
de forts principes nutritifs. Il est aussi nécessaire que tout
ce qui les entoure, leur demeure, leur mobilier, entretiennent
et excitent sans cesse en eux l'image de la beauté. Ainsi
la valeur de chaque chose dépend et des dépenses et du
temps nécessaires à sa production : voilà la valeur de travail.

60

Fichte, et la plupart des socialistes postérieurs, ont d'abord tenté de définir la valeur. Proudhon l'a dit, la théorie de la valeur est pour ainsi dire la pierre angulaire du socialisme. Fichte, le premier, a esquissé la théorie de la valeur, développée ensuite par Marx. D'après ce dernier, chaque chose contient et renferme une certaine quantité de travail humain, et la valeur relative de toutes choses est déterminée par la quantité relative de travail incluse en elles. — Le travail nécessaire à la production d'un objet n'est pas laissé au jugement arbitraire de chaque homme. En effet, selon que l'ouvrier sera prompt et habile, ou lourd de main et d'esprit, le temps nécessaire à la production de cet objet sera plus court ou plus long. Par suite, la mesure de la valeur n'est pas le temps nécessaire à un ouvrier quelconque, mais ce temps moyen généralement et, comme le dit Marx, « socialement » nécessaire.

Le temps pendant lequel la chose est produite, n'est pas la seule mesure de la valeur, car dans le même temps, en une heure, par exemple, tel travail difficile aura une plus grande valeur qu'un autre plus facile. Mais la qualité du travail se réduit en quantité. Qu'est-ce, en effet, qu'un travail difficile, sinon celui qu'un artisan ne peut effectuer sans une longue éducation préparatoire ? Le temps dépensé pour l'éducation nécessaire doit être ajouté au temps pendant lequel la chose est produite. Tel ouvrage qui paraît exécuté en une heure l'est réellement en une année et renferme une quantité de travail qui ne se manifeste pas au premier abord. Ainsi la quantité de travail, c'est-à-dire le temps, est la commune mesure des valeurs. Au reste, aucune mesure de l'infinie diversité des choses ne peut exister si ce n'est dans une quantité de travail, ramenée à une quantité de temps continu, éternellement semblable à lui-même.

Fichte ouvrit la voie en démontrant que la quantité de travail renfermée en chaque ouvrage est la mesure de

la valeur, et que les travaux très divers des diverses conditions se ramènent à l'unité de valeur par les dépenses
nécessaires à chaque travail. Mais il a brouillé et obscurci
toute son argumentation en adoptant d'abord la valeur
d'utilité, puis la valeur de travail. Schæffle aussi, bien des
années après, déclare nécessaire d'associer à la valeur du
travail une certaine valeur d'usage ou d'utilité.

Fichte est assurément excusable, si, par son premier
jet de lumière il n'a pas dissipé les obscurités qui enveloppent l'idée de la valeur. Cependant, à moins que je ne
m'abuse, Marx les a complètement dissipées. Sans doute,
pour qu'un objet ait de la valeur, il ne suffit pas qu'il
représente un certain travail humain, il faut encore qu'il
ait une certaine utilité. Si un homme, à grand renfort de
travaux pénibles, produit des choses qui ne sont ni utiles
ni agréables, la valeur de celles-ci sera nulle. Il semble
donc qu'il existe une certaine valeur d'utilité. Mais cette
utilité ne suffit pas pour constituer la valeur, car les choses
les plus utiles, les plus nécessaires, comme l'air, n'ont
aucune valeur, puisqu'elles ne renferment aucun travail de
l'homme ; l'eau, malgré sa très grande utilité, ne vaut rien
ou presque rien, puisqu'un travail insignifiant suffit à
la mettre en très grande abondance à la portée de tous les
hommes. — En chaque chose, les économistes découvrent
la combinaison et l'alliance de la valeur d'utilité et de la
valeur de travail. Mais où ils errent et se trompent gravement, c'est en confondant deux idées complètement
distinctes : à savoir la *condition* de la valeur et la *mesure*
de la valeur. L'utilité n'est pas la *mesure* de la valeur, mais
sa *condition*. Si une chose est utile, elle n'a pas de valeur ;
mais une chose utile ne tire pas sa valeur de son degré
d'utilité, mais de la quantité de travail qu'elle a exigée.
— Dans quelques cas, je l'avoue, dans certaines circonstances extraordinaires, la valeur n'est pas déterminée
par la quantité de travail. Par exemple, si l'on offre de

l'eau à des hommes altérés dans le désert, si l'on offre du pain à des hommes affamés dans une île, ils achèteront ce pain très rare, cette eau très rare, à un prix énorme. Mais ces hasards que quelques sots opposent orgueilleusement au socialisme, n'ont aucune signification, comme étant en dehors de toute règle et de l'ordre normal de la société. En effet, c'est le principal devoir de la société que par un commerce toujours en mouvement, les choses nécessaires à l'existence soient facilement mises à la portée de quiconque veut les acheter. Et il ne subsiste aucune règle, lorsque la vie elle-même de l'homme dépend non pas de la société mais d'un seul homme de telle sorte que celui-ci peut exiger, en échange d'une bouchée de pain, non seulement un prix exorbitant, mais encore la servitude du corps. Dans la société ordinaire, la vraie mesure de la valeur est la quantité de travail, non pas subordonnée mais conditionnée par son utilité.

Fichte s'est trompé en admettant deux mesures distinctes de la valeur difficilement conciliables. Il a pourtant cette grande gloire d'avoir posé le premier, avant Ricardo lui-même, la quantité de travail comme mesure de la valeur, et d'avoir ramené la quantité à la qualité. Puis, lorsqu'il a déclaré que les relations économiques des hommes seraient abandonnées au hasard et à la violence tant que l'on n'aura pas découvert une base certaine de la valeur, il a presque fondé le socialisme. Et en cela, il a complètement approché du tableau tracé par Schæffle, comme du point vital du socialisme contemporain.

En instituant une mesure de la valeur, une réglementation de la production et des prix, Fichte devait nécessairement fermer l'État de façon à ce que ses habitants ne vendent ni n'achètent rien aux citoyens des autres États. En effet, à quoi bon déterminer pour un État la quantité suffisante de produits, si le commerce peut livrer ses produits à l'étranger ? A quoi bon instituer une mesure de la valeur et réserver à chaque citoyen un travail certain, si des produits étrangers achetés à meilleur compte viennent troubler la règle normale de la valeur, viennent avilir et stériliser le travail invendu de nombreux citoyens ?

Tout État devra se suffire à lui-même et être comme une sphère limitée, un monde dans le monde. Cela paraît en violente opposition avec le socialisme qui s'efforce d'abolir toutes les frontières et d'établir une certaine façon de vivre « internationale ». Mais, en y regardant de plus près, c'est de la même volonté, du même esprit que procèdent et l'État fermé proposé par Fichte, et l'État du socialisme international. En effet, les socialistes comprennent, comme Fichte, qu'il est absolument inutile d'établir dans un seul État une mesure de la valeur, du travail et de la justice, si cette mesure est détruite par le commerce avec d'autres États, où ne serait en vigueur aucune mesure.

Un seul État ne peut humainement dresser la juste mesure ni de la récompense quotidienne de ses ouvriers, ni du temps de travail quotidien si en même temps les autres États n'adoptent pas les mêmes proportions pour fixer le salaire quotidien et diminuer le temps de travail. Le socialisme veut réunir tous les États de l'Europe ou plutôt de l'Univers en une seule société économique, qui imposerait à tous la même réglementation des prix et du travail. Et il adviendrait ce qu'a précisément proposé Fichte : l'État serait comme fermé. — Cet État économique international, instauré par le socialisme, serait un État fermé parce qu'il ne ferait le commerce avec aucun État étranger ; il serait fermé, puisqu'étant adéquat à la terre elle-même, il engloberait l'humanité tout entière.

Chez Schœffle, aucun citoyen n'a de relations commerciales avec les États étrangers. L'État seul achète aux étrangers ou leur vend. Il vend uniquement le superflu, et, ce qu'il achète aux étrangers, il le cède aux citoyens au juste prix, c'est-à-dire d'après la mesure de la valeur établie dans l'État. Chez Schæffle comme chez Fichte, l'État est fermé et délivré de l'ordre économique extérieur, comme de tout renflement étranger des prix ou de la production.

Chez Fichte, le collectivisme n'a pas encore atteint sa forme parfaite. Ce n'est pas l'État lui-même, ce n'est pas la collectivité elle-même qui produit les choses, les achète et les vend. L'État fixe seulement le nombre des agriculteurs, des artisans, des marchands, et la mesure de la valeur et le prix de chaque objet. Chaque citoyen produit librement, pourvu qu'il obéisse à la règlementation légale. Il n'est le préposé d'aucune administration ; il reste son propre maître. Chez Schæffle, au contraire et les socialistes contemporains, *tout est converti en services publics.* Cependant, avec un examen plus attentif, l'on s'aperçoit du peu de différence qui sépare Fichte de Schæffle. En effet, d'après Fichte, l'État déterminant la quantité et le prix des produits, il s'en suit que l'État surveille constamment la production, et que les citoyens, s'ils sont en partie patrons, ils sont également en partie les préposés des administrations publiques. D'autre part Schæffle déclare que ces administrations publiques de la production et du commerce s'engourdiraient bientôt dans une sorte d'indolente torpeur, si l'activité propre de chaque producteur n'était excitée et récompensée. Si Fichte avait vu cette puissance des machines qui opprime en notre siècle la petite industrie et donne à l'industrie privée elle-même des formes d'administration publique, il eut proposé la même constitution économique de l'État que Schæffle. Et même en cela Fichte se rapproche plus de Schæffle. que les premières apparences ne semblent l'indiquer. — De nos jours, le collectivisme supprime la monnaie d'or ou d'argent ; comme moyen de rémunération du travail de chaque citoyen, il propose des morceaux de papier où l'on inscrirait certaines heures de travail, soit dix, soit cent ; et comme le prix de chaque chose serait estimé d'après les heures du travail nécessaires à sa production, il y aurait pour ainsi dire parfaite concordance entre la mesure elle-même de la valeur et l'instrument d'achat. Ainsi les variations de valeur du métallisme lui-même, soit de l'or, soit de l'argent, qui ont une valeur propre, ne troubleraient plus la loi normale de la valeur.

Fichte, au contraire, laisse subsister la monnaie métallique. Mais il veut que ces pièces n'aient plus de valeur intrinsèque, mais soient uniquement le signe de la valeur. Il refond toutes les pièces ayant cours dans l'État, et sur des pièces nouvelles, il inscrit une valeur fictive, qui ne répondra en aucune façon à la valeur incluse dans les pièces métalliques elles-mêmes. Par conséquent, malgré sa substance métallique, la monnaie serait en réalité du papier. Donc, même dans la question monétaire, Fichte est le précurseur du collectivisme tel que l'a défini et résumé Schœffle.

Cependant le socialisme de Fichte n'est pas animé du même souffle intérieur que le collectivisme et le socialisme qui procède de Karl Marx. Fichte dédaigne l'histoire, recherchant moins ce qui est ou a été que ce qui doit être. Au contraire, Marx et ses disciples recherchent avec soin la signification de l'histoire et de la marche des évènements ; ils veulent découvrir sa voie, ses tendances, ses causes originelles et finales.

Fichte néglige les origines de l'argent et s'explique seulement sur les exigences actuelles de la justice. Son socialisme est moral, non pas historique. Marx justifie moins la nécessité du collectivisme par la légitimité de sa justice que par la fatalité historique de l'évolution sociale. Il se moque volontiers de ceux qui, comme Fichte, invoquent sans cesse la dignité humaine et la justice éternelle, adorant presque ces vaines idoles inoffensives. Un certain sentiment mystique anime le socialisme de Fichte :

66

l'homme est intérieurement libre, pleinement et divinement libre ; et ses regards ne s'abaisseraient pas sur la société humaine, s'il n'y retrouvait pas l'entière liberté de sa divine solitude ; mais comme l'homme ne peut être libre, et reste l'esclave de la nature, à moins d'avoir une certaine propriété, c'est-à-dire un certain champ d'action, le socialisme seul est conforme à la dignité humaine. Donc les pauvres et les plus misérables des hommes réclament leur part de biens et de prospérité; c'est en dépit de leurs apparences envieuses, la dignité humaine qu'ils réveillent et surexcitent.

Cependant Fichte ne pousse pas les hommes à des mouvements inconsidérés, à d'aveugles bouleversements ; car, il méprise l'histoire, il ne nie pas que pour opérer des changements efficaces, il faille du temps et des délais. Seuls se précipitent dans les nouveautés, les amants de la vérité et de la justice qui ne se sont pas pénétrés de la vérité dans de longues méditations. Ils sont frappés par elle comme par une foudre extérieure, tandis que la vérité est dans l'esprit comme une douce lumière intime, qui se répand graduellement et prudemment sur l'extérieur. Mais lenteur et temporisation ne veut pas dire inaction et apathie. Chaque jour l'on doit continuer à s'acheminer vers la justice, afin que le monde soit déjà plus près de la justice le soir qu'il ne l'était le matin.

Les socialistes allemands de l'heure présente, loin de mépriser l'histoire comme Fichte, l'invoquent au contraire et proclament volontiers la vanité de la justice tant que le procès historique ne lui aura pas communiqué consistance et force. Fichte, et par son ardent amour de la justice pure et par les généreuses impulsions de son âme, se rapproche bien plus des Français, qui en 1789 et en 1848, ont proclamé pour ainsi dire un nouvel Évangile de la justice, que de ces Allemands qui ont accepté la sévère dialectique historique de Karl Marx. Au surplus, en Alle-

magne, le socialisme ne peut pénétrer le peuple et sortir des
écoles pour se répandre sur la place publique, à moins de
faire également appel aux passions, et d'invoquer non
seulement les nécessités présentes de l'histoire, mais encore
« la justice éternelle ». Le vulgarisateur du socialisme, celui
qui l'a répandu et propagé dans les masses Ferdinand
Lassalle est un disciple de Fichte ; dans l'*arbeiterprogramm*,
il le proclame unique parmi les plus grands philosophes de
toutes les nations et de tous les temps. Par l'émotion de
l'âme, par l'ardeur du verbe, la force de l'expression,
Lassalle procède de Fichte autant que par la doctrine.
Comme Fichte, il attend de l'État la fixation de la mesure
de la valeur des prix ; comme Fichte, il ne préconise pas
le socialisme international, mais le socialisme national,
afin que la justice soit instaurée dans l'Allemagne devenue
« État fermé ». Mais Lassalle a fait des emprunts à Karl
Marx et comme Marx procède de Hegel, ni Marx ni Lassalle
ne peuvent être compris sans l'examen attentif des théories hégéliennes sur le droit, les sociétés humaines, le cours
de l'histoire, et l'État.

IV. HEGEL, MARX ET LASSALLE

HEGEL, Philosophie du Droit. — MARX : *Le Capital,* Critique de l'Économie Politique. — FERDINAND LASSALLE, Capital et Travail ; Programme des Travailleurs.

Karl Marx déclare souvent en termes exprès et formels qu'il est le disciple de la philosophie hégélienne et qu'il a transféré la dialectique hégélienne des régions mystiques de l'Idée dans le domaine économique. Examinons donc les points de ressemblance et de dissemblance de Marx et d'Hegel.

Dans la philosophie hégélienne du droit, le fondement du droit est la Liberté (Freiheit). Hegel ne définit pas une fois pour toutes la liberté d'une façon abstraite ; il montre la progression par laquelle elle se constitue graduellement pleine et parfaite. Tout d'abord la liberté de volonté (Freiheit des Willens) est posée comme une liberté abstraite et indéterminée. La volonté de l'homme peut se dégager de tout lien, de toute détermination. Quelle que soit la chose qui lui soit proposée, la volonté peut la rejeter et la refuser, de telle sorte qu'en ne désirant rien elle est pure et sans mélange. Ainsi la volonté est infinie, car, débarrassée de toute détermination, c'est-à-dire de toute négation, elle s'échappe hors de toutes limites ; mais l'absolu de cette volonté on ne peut plus déterminée, est vide et vain ; rien de solide en elle, rien de positif, et, comme ce n'est autre chose que la négation de la détermination, cet infini de volonté est négatif. Cette vaine et abstraite volonté absolue donne naissance aux fanatiques politiques et religieux. En politique ils revendiquent une liberté

pure et indéterminée, se suffisant pour ainsi dire à elle-
même, et ils dressent une vaine idole de liberté vide. En
religion ils suppriment leur volonté propre et déterminée,
afin de s'abîmer eux-mêmes dans l'infini d'une volonté
indéterminée ; d'où la stupide contemplation des Brah-
manes qui désirent se perdre en Brahma et devenir Brahma.

Il est donc nécessaire que la volonté franchisse ce
premier degré de la liberté indéterminée ; comme cette
volonté indéterminée est négative, il faut qu'elle s'incor-
pore quelque chose de solide. Or, par la négation de la
négation, c'est-à-dire de l'intédermination, elle deviendra
positive. En chaque homme la volonté indéterminée se
trouve déterminée vers un seul état, vers une seule nature
de volonté. Mais cette détermination n'est pas la même
que si la volonté indéterminée n'avait pas été posée et
affirmée auparavant. Lorsque la volonté, considérée en
principe et d'une façon abstraite, se renferme ensuite dans
les limites de la détermination, elle garde cependant sa
substance infinie et tend vers un absolu qui n'est déjà
plus vide et vain, mais plein et déterminé. Elle ne s'arrê-
tera pas éternellement à ce degré de volonté individuelle.
D'universalité indéterminée, la volonté a été transformée
en individualité (Besonderheit) ; mais elle retransfor-
mera cette particularité individuelle en universalité. Enfin,
à ce moment de liberté qui est « particularité », répond
une certaine région définie de droit, une certaine sphère,
comme dit Hegel. Car, avec l'individualité de la volonté,
commence ce que l'on appelle libre arbitre.

Le libre arbitre existe d'une certaine manière; le fait
que je puisse faire ce que bon me semble découle de l'indétermination première de la volonté. Mais ils se trompent
lourdement ceux qui placent la véritable liberté dans le
libre arbitre ; ils ignorent et la liberté, et le droit, et la
moralité. Le libre arbitre qui ne suit pas la loi normale est
le hasard ; alors ce qu'on appelle volonté libre dépend du

sort et lui est asservi. Ainsi il y a une contradiction immanente dans le libre arbitre, car il reproduit l'indétermination première de la liberté jusque dans l'individualité et en cela il est dans la vérité, mais il livre cette liberté au hasard, et en cela il est dans l'erreur. Donc la volonté sera seulement libre, lorsqu'elle aura soumis son individualité à la loi universelle, de façon à ce que l'individualité elle-même fût universelle et véritablement infinie et libre.

Dans cette sphère de l'individualité, avec le libre arbitre se rencontre la propriété (Eigenthum). Les hommes acquièrent des biens et des richesses non par l'indétermination de la volonté humaine, mais par l'individualité du caractère, des forces et du travail. La propriété elle-même est une particularité individualiste ; chacun a le sien et est exclu de ce qui appartient à autrui. L'homme ne possède pas comme volonté indéterminée, car l'indéterminé n'est pas possédé. Aussi ils se trompent lourdement ceux qui réclament l'égalité des biens entre les hommes comme convenant à l'égalité des hommes eux-mêmes. En effet, les hommes sont égaux en tant que volontés non pas individuelles mais indéterminées ; or l'indétermination n'aboutit pas à la propriété. Tout homme a le droit d'affirmer son individualité par la propriété. La propriété privée (privateigenthum), injustement condamnée par les cités antiques est un monument légitime du procès de la liberté. Mais de même que le libre arbitre doit être orienté sur la règle universelle de la raison, de même, par un pacte entre tous les hommes et l'acceptation universelle de la propriété, la propriété elle-même tend vers l'universalisation ; d'où le droit positif et les lois sur la propriété.

Hegel méprise et déteste les philosophes qui veulent maintenir la volonté humaine dans une sorte d'individualité appelée par eux liberté extrême et absolue. Ils n'admettent pas la raison, c'est-à-dire la règle universelle, mais seulement le caprice de l'inspiration individuelle. Dans le droit civil ils n'admettent pas d'autres lois que celles qui dérivent de la conscience intime de chacun. En politique, ils ne veulent pas d'autre ordre que celui qui naît selon la volonté libre de chaque citoyen. Et dans les arts libéraux, ils n'acceptent pas d'autre règle que celle que se forge chaque artiste d'après son talent et sa nature. Telle n'est pas, dit Hegel, la liberté vraie, mais une vaine image de la liberté. Est belle non pas l'œuvre dans laquelle apparaît l'individualité de l'artiste, mais celle où resplendit la beauté universelle. Dans les statues de Phidias, ce que l'on retrouve, ce n'est pas Phidias lui-même, mais l'image des dieux ; comme la beauté, la liberté vraie réside dans l'universalité.

Les volontés individuelles des hommes sont reliées par des liens juridiques. D'après Kant l'essence même du droit consiste dans l'exercice d'une liberté parfaite qui ne nuit pas à la liberté d'autrui. Ce n'est pas là tout le droit, mais une partie du droit. D'où la naissance de contrats entre les hommes et de justes possessions ; de là aussi l'origine de la moralité, lorsque chaque homme s'abstient de nuire à son prochain.

Mais cette moralité est imparfaite et abstraite, si chaque volonté humaine demeure comme séparée et éloignée des autres volontés, ou se rattache seulement aux autres volontés par un contrat reliant toutes les individualités sans enlever à chacun son individualisme. Il est donc nécessaire que chaque volonté soit renfermée dans un certain ordre concret et naturel, grâce auquel elle tende non pas d'une façon abstraite, mais, en réalité, vers l'universalité. Voilà l'origine de la famille, de la société civile, de l'État lui-même. Alors seulement commencent véritablement des mœurs concrètes et vivifiantes (ce n'est plus la « moralitât » mais la « sittlichkeit ».)

De la famille nous dirons seulement qu'elle a soumis des

volontés différentes à une unité vraie et vivante, c'est-à-dire à une véritable et vivifiante liberté.

Les nations une fois formées par l'extension et la multiplication des familles, les personnes de chaque famille, apparaissent de nouveau comme des volontés individuelles en présence des personnes des autres familles et fatalement ces volontés doivent rechercher une nouvelle forme d'unité ; d'où la société civile (bürgerliche Gesellschaft) qu'Hegel distingue nettement de l'État. En effet, c'est dans l'État comme nous le constaterons bientôt, que la volonté de chaque citoyen trouve sa pleine liberté dans l'universalité de la loi et de la vie civique. C'est l'État qui donne à l'homme la plénitude de vie et de liberté. Chaque citoyen se rattache à l'État non pas par son caractère d'avidité personnelle et individuelle, mais par son caractère d'humanité et d'universalité.

Chaque citoyen se retrouve d'autant plus dans l'État qu'il se sera, au préalable, davantage oublié lui-même. Dans la société civile, au contraire, chaque citoyen est relié aux autres plus par nécessité qu'en vertu d'un contrat comme dans les sphères du particularisme propriétaire. Chaque citoyen a besoin des autres citoyens afin de vivre en sécurité, voire même tout simplement pour vivre. Chacun doit acheter et vendre ; le travail est réparti entre divers artisans et ouvriers ; la division du travail réduit chacun à n'être qu'une part, une minime portion de l'homme. De cette nécessité réciproque qui assujettit tous les hommes les uns aux autres, est née la société civile ; elle a pour base le système de la nécessité, du besoin « Bedûrfnisse-system ». Ainsi chaque citoyen est strictement lié et attaché aux autres par un lien pour ainsi dire extérieur, puisque le propre avantage de chacun dépend des autres citoyens et que là apparaît non pas la véritable universalité, mais seulement si l'on peut s'exprimer ainsi, la chaîne continue de toutes les individualités.

Cependant la société civile a elle-même des devoirs à l'égard de chaque citoyen ; son premier soin doit être d'empêcher le paupérisme, c'est-à-dire la formation d'une classe de misérables ne pouvant ni se nourrir ni subvenir à leur entretien. Celle-ci se trouve rejetée hors de la société civile par le fait même qu'elle ne trouve pas dans cette société plus d'avantages que si elle errait à la manière des bêtes dans la solitude des forêts. Déraciner la pauvreté, voilà la première et pressante préoccupation de toutes les sociétés civiles.

La question du paupérisme, telle est l'actualité qui trouble et tourmente les sociétés. Mais comment la société civile arrachera-t-elle le paupérisme ? Elle ne peut imposer et fixer le travail de chaque citoyen, car elle opprimerait l'individualité des citoyens laquelle ne doit pas être rabaissée mais relevée selon une loi universelle. Dans l'antiquité, c'est par la servitude du grand nombre, par le travail imposé de force, qu'ont été construites les Pyramides. « Cependant si la liberté individuelle proteste contre toute coercition, il est pourtant nécessaire, en présence de la violence ou de l'aveuglement des appétits individuels, que la société civile les ramène à une certaine règle universelle, et qu'elle empêche l'éclosion ou tout au moins diminue la nocuité des inévitables heurts et blessures, des collisions fatales. — Même lorsque la société civile a accompli tout ce qu'il est actuellement convenu d'appeler des services publics, lorsqu'elle a éclairé les villes et les chemins, lorsqu'elle a construit des hôpitaux et des asiles pour les malades, lorsque, par une taxe, elle a empêché le prix des objets et des aliments de première nécessité de dépasser leur juste valeur, il n'en reste pas moins beaucoup de citoyens plus ou moins soumis au caprice du hasard selon leur habileté, leur force physique ou leur fortune (capital). La famille ne devrait-elle pas veiller à ces accidents et venir en aide à tous ceux qui n'ont pas été favorisés par le sort ? La famille est comme un tout substantiel « das substantielle ganze » dans lequel chaque citoyen retrouve pour ainsi dire, une providence naturelle, lorsque lui-même n'est plus capable de travailler et de se soutenir (Unfæhigkeit). Mais la société dégage chaque homme du lien familial et détache chaque membre de la famille des autres pour en faire une individualité dépendant seulement d'elle-même. Donc la société civile se substitue pour ainsi dire à ce gouvernement paternel et familial où les hommes trouvaient une certaine subsistance, et les soumet à elle-même, c'est-à-dire aux hasards. Ainsi chaque homme devient «le fils de la société civile», et en elle il a autant de droits que de devoirs. En conséquence, la société civile en tant que famille universelle (allgemeine familie) a le droit de protéger les enfants contre les fantaisies ou les insouciances des parents et de diriger leur éducation ; elle a le droit d'élever les enfants pour la République et d'employer, pour les envoyer à l'école, la contrainte légale. A cette thèse se rattachent les controverses qui se sont élevées en France entre ceux qui défendent la liberté de l'enseignement, c'est-à-dire la fantaisie des parents, et ceux qui veulent l'institution de l'instruction publique ». Dans l'ordre économique la société civile doit d'autant mieux protéger chaque citoyen contre le sort, que l'insécurité matérielle s'est accrue. Autrefois les produits de la terre étaient consommés là où ils étaient produits ; dans les classes moyennes presque pas de commerce ; la vie humaine était étroite et bornée, mais sûre et presque sans inquiétude. Mais à partir du xv\ siècle de nouveaux débouchés se créèrent de tous côtés dans l'ancien monde comme dans le nouveau, et au régime agricole succédèrent le commerce et l'industrie. Or, le fondement de l'agriculture est la terre, celui du commerce est la mer. Autrefois l'ordre économique fondé sur la terre était limité mais ferme, inébranlable ; aujourd'hui il est agité, secoué par

tous les flots, les vents et tempêtes de la mer. Et puisque
la société civile a, de gré ou de force, jeté les citoyens
dans la tourmente économique, comme si elle les avait
enlevés de la terre pour les lancer dans les incertitudes de
la pleine mer, elle doit les protéger, soutenir les laborieux,
diriger les égarés, recueillir et réconforter les naufragés.

Toutes ces déductions de Hegel aboutissent à ce qu'on
appelle aujourd'hui Socialisme d'État. Presque tous les
rescrits, préparés par Bismarck, tous ses projets de loi contre
l'invalidité et l'insécurité des travailleurs ont été mani-
festement inspirés par les propositions hégéliennes. En
tous cas il faut se souvenir que le grand chancelier de
l'Allemagne a institué pour chaque corporation de travailleurs des caisses contre la maladie ou les infirmités
et que l'organisation corporative a été recommandée
par Hegel, afin d'arracher les citoyens à leur particularisme
individualiste et les inciter à vivre en pleine communion
d'intérêts, d'âmes et de cœurs et préparer ainsi l'unité
suprême de l'État. — Bismarck ne déposait pas seulement
les mêmes propositions qu'Hegel ; il les défendait encore
à l'aide des mêmes arguments. Mais Hegel n'aurait pas
laissé appeler ces propositions « Socialisme d'État » (Staats
Socialismus).

Dans la philosophie hégélienne du droit, l'État n'était
pas constitué par les bons offices réciproques des citoyens ;
et l'État qui est par lui-même l'unité suprême, la liberté
suprême, le droit suprême, il ne le ramenait pas à la société
civile, qui était formée par le concours des appétits individuels trouvant seulement leur compte dans l'avantage
des autres. Ce qui, de nos jours, est appelé Socialisme
d'État, se trouve dans la philosophie hégélienne très
inférieur à l'État. Celui-ci est un autre moment de la
liberté, et comme une sphère plus élevée. Ainsi même
aujourd'hui, les vrais socialistes allemands, les violents
adversaires du chancelier Bismarck, Bebel, Liebknecht

et leurs amis, ne regardaient pas les projets du chancelier comme du socialisme véritable mais comme un premier acheminement, comme une sorte de préparation extérieure au Socialisme. Bebel et Liebknecht n'attendent pas seulement de l'État cette fausse unité extérieure qui abandonne encore chaque citoyen à l'impulsion de ses caprices et se contente d'adoucir les heurts, les plaies et les blessures occasionnés par la concurrence ; ils en attendent cette véritable et suprême unité dans laquelle tout homme élèvera et déploiera en même temps et d'un commun accord sa propre nature et aussi toute la dignité, tout le bonheur du genre humain. Ainsi, quoique Hegel n'ait en aucune façon développé le collectivisme, la prédominance, donnée par lui à l'État sur la société civile et le socialisme qui y correspond, le rapproche cependant moins de Bismarck que de Bebel et Liebknecht, qui, bien au-dessus d'un médiocre et faible socialisme civil, proclament la véritable unité justicière de l'État.

Quel est donc l'État hégélien ? L'État est l'union solide et parfaite « de l'individualisme et de l'universalisme ». L'État ne doit rien imposer aux citoyens qui puisse blesser quelque individualité ; d'autre part les citoyens ne doivent rien exiger, rien attendre de l'État qui soit susceptible de les mettre en dehors de la norme universelle de la nature humaine. Dans l'État la volonté de chaque homme tend à l'universalité, c'est-à-dire vers l'infini ; en l'État et par l'État la liberté est enfin véritablement absolue. Dans l'antiquité l'État opprimait l'individu, et ainsi il n'était pas sincère, mais faux et menteur ; présentement, au contraire, il y a des philosophes qui abandonneraient chaque citoyen aux témérités de sa volonté et laisseraient l'État se former d'après le concours fortuit des volontés individuelles. Ceux-ci bouleversent également l'État par la confusion de l'individualisme parfait et de l'universalisme parfait. Donc quelle que soit l'origine historique des

États, quelle que soit la façon dont les hommes se sont accordés dans l'État, elle est divine, l'essence de l'État. En effet, puisque dans l'État la liberté devient absolue et infinie, l'État est divin « der Staat ist gœttlicher Willer », Le procès de Dieu, sa marche dans le monde est pour que l'État soit : « Es ist der Gang Gottes in der Welt, dass der Staat ist ». Il peut y avoir des États mauvais et injustes, les États peuvent sortir de l'essence et du concept de l'État ; néanmoins l'État, en tant qu'État, est divin. Puisque c'est en Dieu seulement que se trouvent la substance et la vie complète de chaque personne, l'être qui, en dehors de l'État était un individu pour ainsi dire détaché et abstrait devient dans l'État une personne substantielle ; et cependant la personnalité ne s'évanouit pas, chaque homme, autant comme « personne privée » que comme « personne substantielle » parvient à la pleine réalité, à l'entière perfection : « Sowohl als Privat wie als substantiell Personen wirklich sind ».

L'État est un organisme. « Der Staat ist organismus ». Chez les animaux, il y a deux moments : d'abord la sensation abstraite et pour ainsi dire renfermée en elle-même, comme les sensations occasionnées par l'absorption, la digestion des aliments, par la nutrition, la reproduction ; cela c'est la sensibilité. Le second moment est lorsque l'animal se tourne vers les choses extérieures, se met en mouvement et veut les saisir ; cela c'est l'excitabilité. Il y a des animaux qui n'ont que l'excitabilité. Cependant, si l'on compare ces déterminations de la nature avec les déterminations de l'esprit, la famille est pour ainsi dire une sensibilité renfermée en elle-même ; au contraire, la société civile est l'excitabilité qui se tourne vers l'extérieur. Dans l'État comme dans un système parfait de nerfs, la sensibilité et l'excitabilité sont tellement liées que chaque citoyen vit en même temps de sa vie propre et de la vie universelle.

80

Cette comparaison de l'État à un organisme, qui a été
si souvent employée, se trouve, je crois, pour la première
fois chez Hegel. Et, puisque chez Hegel l'Idée se distingue
en moments et différences, il ne faut pas s'étonner si
l'organisme n'est autre chose que l'Idée se répartissant
dans ses diversités. — Comme dans un organisme il n'y
a aucun organe qui ne puisse être dit le fondement des
autres membres et organes ; cet organisme est estomac,
bras ou cerveau, mais, pris dans son ensemble, il est la
base de l'organisme tout entier ; de même l'État ne peut
être ramené, comme à sa base fondamentale, à tel ou tel
organe de l'État, pouvoir exécutif ou pouvoir législatif ;
l'État est la base de l'État ; il est défini par sa propre
essence. De même Dieu n'est pas défini par telle ou telle
énonciation. Connaître Dieu, ce n'est pas dire : Dieu est
ceci ou cela ; c'est saisir la vie elle-même de Dieu et pour
ainsi dire le procès de Dieu.

L'État est donc quelque chose de divin. Partant l'on
peut définir les rapports de la religion et de l'État. Ceux
qui posent la religion comme la base nécessaire de l'État
se trompent lourdement, car l'État tire de lui-même sa
légitimité et sa divinité. D'ailleurs la religion peut dégé-
nérer en superstition et devenir si bien un danger pour la
liberté et la dignité de l'homme que l'État soit forcé de
la réprimer et de la contenir. Ainsi l'État peut être un
frein à la religion ; la religion ne peut pas être la base
fondamentale de l'État. Si la religion offrait une consola-
tion aux hommes contre l'oppression des tyrans et favo-
risait ainsi cette servitude contraire à l'essence de l'État,
non seulement elle ne serait pas le fondement de l'État,
mais son dissolvant.

La religion est, par le sentiment et la foi, la relation
subjective de l'homme avec l'absolu. Dans l'État, au contraire, l'absolu parvient à la réalité. Dieu a l'objectivité ;
et celui qui soumettrait l'État à la religion soumettrait

l'objectivité à la subjectivité. C'est là le fanatisme qui brûle de tout conformer à la subjectivité de chaque homme. Le sentiment religieux renferme pourtant une certaine vérité. En effet, lorsque l'âme de l'homme se tourne subjectivement vers Dieu et l'absolu, qu'il l'adore et l'implore, par cela même il avoue que Dieu n'est pas tout entier traduit dans l'objectivité du monde. C'est pourquoi la religion comprend combien est énorme la transition de l'intime à l'extérieur, combien est immense cette formation de la raison dans les choses, formation à laquelle coopère toute l'histoire du monde. Mais lorsque par la religion, l'homme a constaté la grande difficulté et l'imperfection de la formation de la raison dans les choses, formation à laquelle tout le monde collabore cependant de toute éternité, si cet homme veut substituer sa vaine subjectivité à l'œuvre du monde tout entier et de l'histoire, si dans son isolement il espère par lui-même mieux disposer Dieu alors qu'il a lui-même été façonné par l'évolution universelle de Dieu, il est insensé et délire. Ainsi l'État est autant supérieur à la religion que l'objectivité de Dieu l'emporte sur la subjectivité particulière de chaque homme.

Bien qu'elle se suffise à elle-même, la science ne peut être séparée de l'État. En effet, le rôle de l'État ne se borne pas à protéger l'ordre et à allumer des lampes aux coins des rues. L'État est une vérité divine ; donc l'État a sa doctrine, conforme à son essence : « der Staat hat seine Lehre ».

L'État a sa philosophie ; étant l'union de l'individualisme et de l'universalisme et la forme parfaite de la liberté extrême, il est conforme à Dieu qui est la liberté suprême se désirant elle-même et se manifestant dans les choses. Donc celui qui comprend pleinement l'État et vit véritablement dans l'État, celui-là comprend le monde et Dieu, et vit en Dieu : admirable doctrine qui ne retranche de la vie ni la religion, ni la science, mais embrasse à la

fois toutes les facultés de l'homme, toute la nature humaine,
et les divers aspects du vrai, pour n'en faire qu'une vérité
une.

Comment le socialisme est-il issu de la philosophie hégélienne ? A la vérité, Hegel a esquissé dans la société civile
ce que l'on appelle socialisme d'État ; et du même coup il
a donné force et vie aux corporations qui, réunies entre
elles, aboutiraient rapidement au collectivisme. Il n'a
pas précisément recommandé le collectivisme en fixant la
propriété dans la sphère du particularisme et de l'individualisme. Mais le premier il a comparé l'État à un organisme, ce qui a été pour le socialisme un puissant argument
en faveur de l'adoption pour les biens d'une forme orga-
nique unitaire. Ensuite Hegel n'a placé la liberté vraie et
complète, ni dans l'individualité de la personne, l'isolement de l'individu, ni dans le prétendu libre-arbitre,
mais dans l'universalité et dans l'État de façon à ce que
l'État seul soit la liberté parfaite ; or cela est presque du
socialisme. Puis, lorsqu'il a mis l'État au-dessus de la
société civile et comme au-dessus de l'union extérieure
apparente des citoyens, lorsqu'il a déclaré qu'en l'État
étaient incluses la véritable religion, la véritable philosophie, il a poussé les hommes à soumettre toute leur vie,
c'est-à-dire même leurs biens, à l'unité, à la loi, à la raison
divine de l'État. Voilà les appuis que le socialisme allemand a empruntés à la philosophie hégélienne du Droit.

Pris dans son ensemble, l'hégélianisme a favorisé le
socialisme allemand non seulement par sa philosophie du
droit et de l'État, mais encore par toute sa dialectique.
De la description hégélienne des différents aspects, des
divers moments de la marche progressive de l'Idée et de
l'Absolu, nous concluons aisément que dans le monde,
aucune forme de l'Idée, aucun moment de l'Absolu ne
suffisent à eux-mêmes et ne valent pour l'éternité.

Les économistes officiels considèrent volontiers le

capital, le travail, le salariat comme des catégories économiques éternelles. Marx, au contraire, montre l'intime pénétration de la dialectique dans l'économie politique ; la fatalité du progrès change nécessairement les rapports des choses et des idées ; rien n'est éternel si ce n'est la loi de la dialectique elle-même. — La société contemporaine, bien loin qu'elle soit un solide et immuable cristal, est un organisme susceptible de toutes sortes de transformations et toujours avide de nouvelles formes. « Die jætzige Gesellschaft ist kein fester Krystall, sondern ein umwandlung begriffener Organismus ». Aujourd'hui tous les hommes, même ceux qui bénéficient de l'ordre présent, commencent à sentir et à percevoir que la chose économique est soumise à l'inéluctable loi des transformations nécessaires et que les fondements qui semblaient éternels s'écroulent peu à peu. Cette inquiétude générale est le signe précurseur de l'avènement prochain du socialisme ; c'est là un signe des temps que ne peuvent masquer ni les manteaux de pourpre des rois ni les robes noires des prêtres. «Es sind die Zeicken der Zeit die sich nicht verstecken lassen durch Purpurmæntel oder schwarze Kutten.»

Comme Marx, Lassalle défend le socialisme par la fatalité du mouvement historique et économique. Lassalle qui a exposé la philosophie d'Héraclite, a plongé pour ainsi dire toutes les lois et catégories économiques dans le fleuve d'Héraclite, n'évoluant plus au hasard mais tendant à la justice et au bonheur universel.

Hegel montre la dialectique procédant par antithèse et synthèse, et les contradictions des moments précédents se résolvant dans un nouveau moment plus complet de l'Absolu et de l'Idée. En économie politique, Marx et Lassalle montrent l'histoire conciliant des moments d'abord opposés dans un ordre nouveau et meilleur.

Dans l'économie du moyen-âge, la production était sûre et certaine, mais petite ; chaque producteur était son maître, non celui des choses. Dans les temps modernes, à partir du xve siècle, la production s'accrut en importance et en insécurité. Ceux qui étaient pour ainsi dire les propriétaires de leur travail et des instruments de travail, tombèrent dans le travail servile : le salariat ; en même temps la domination de l'homme sur les choses et la nature s'étendit ; de telle sorte qn'à présent l'homme n'est plus son propre maître, mais il l'est des choses. Grâce au socialisme, il éclora un nouvel ordre économique, dans lequel la production sera assurée comme au moyen-âge, étendue comme dans les temps modernes ; l'homme y sera le maître et de lui-même et des choses.. Ainsi cette dialectique allemande et hégélienne s'accorde et concourt avec la loi française du progrès.

Marx a lui-même indiqué les points où il diffère d'Hegel. Marx n'a pas défini et, pour ainsi dire, construit *à priori* le procès de l'histoire, comme Hegel a décrit *à priori* le procès de l'Idée et de l'Absolu. Marx commença par porter ses investigations et son minutieux examen sur les choses elles-mêmes, et ce n'est qu'après avoir accompli cette première partie de sa tâche, qu'il s'est permis d'exposer le véritable mouvement économique et historique. De la sorte la dialectique économique du socialisme, malgré ses apparences d'exposition métaphysique et *à priori*, n'en est pas moins construite en réalité *à posteriori*, et a d'autant plus de valeur qu'elle est conforme aux choses elles-mêmes.

« Donc, ma méthode dialectique ne diffère pas seulement jusque dans ses fondements de la dialectique hégélienne, mais elle lui est même expressément contraire et opposée. D'après Hegel le procès de l'esprit et de la mentalité, qu'il personnifie sous le nom d'Idée, est le « démiurge » de la réalité, laquelle est seulement la forme phénomène de l'Idée. Selon moi, au contraire, le procès de l'esprit n'est que l'image, le reflet du procès des choses, lequel est comme transposé dans le cerveau de l'homme. »

« Alors qu'elle était encore en faveur, il y a trente ans, j'ai condamné le mysticisme de la dialectique hégélienne. Mais quoi qu'Hegel ait dénaturé la dialectique par le mysticisme, il est le premier qui ait intégralement exposé la marche et le mouvement de la dialectique. Chez Hœgel, la dialectique marche sur la tête ; il suffit de la remettre sur pieds pour qu'elle soit saine et vraie. »

« Sous son aspect mystique la dialectique a eu beaucoup de succès chez les Allemands parce qu'elle semblait glorifier et même déifier l'état de choses existant. Sous son aspect rationnel, la dialectique est un scandale et une abomination pour les bourgeois et leurs professeurs d'économie, parce que dans sa conception des choses existantes elle renferme en même temps leur négation et la fatalité d'un conflit. « Weil in dem positiven Verstandniss des Bestehenden zugleich auch das Verstandniss seiner Negation, seines nothwendigen Untergangs einschliesst, iene gewordne Form ein Flusse der Bewegung, also auch nach ihrer verganglichen Seite auffasst, sich durch nichts imponiren lasst, ihrem wesen nach kritisch und revolutionær ist. »

Ainsi Marx note clairement ce qu'il doit à la philosophie hégélienne et en quoi il en diffère. Il affirme toujours la survivance de la philosophie hégélienne et il se garde d'appliquer à Hegel la plaisante boutade de Moise Mendelsohn sur Spinoza : « C'est un chien mort ». Le chien vit encore ; il n'y a qu'à le réveiller de son sommeil mystique pour qu'il aboie et morde. — Marx oppose à l'idéalisme hégélien le matérialisme économique ; les choses n'émanent pas des idées, mais les idées des choses ; l'histoire et l'économie politique ne dépendent pas de la philosophie, mais la philosophie dépend de l'histoire et de l'économie politique. Quels que soient les changements opérés dans les esprits et les caractères, ils ont été préparés par des modifications économiques.

En cela Lassalle et Marx sont d'accord. Tous deux ils

ont affirmé la subordination de l'histoire et de la philosophie aux diverses formes de la propriété. Ainsi au moyenâge la possession de la terre est la seule vraie forme de la propriété, le véritable fondement de toute l'économie. Toutes les conceptions des hommes sur le pouvoir, la vie, la religion étaient façonnées d'après cette forme économique ils ne concevaient pas Dieu dans une évolution progressive mais immuable et fixe comme la terre elle-même. Ensuite, grâce au mouvement économique de l'histoire, la véritable forme de la propriété est transférée des biens immobiliers aux biens mobiliers. De là pour l'humanité de nouvelles idées sur la vie, la puissance, le pouvoir dirigeant, le monde, le progrès, et Dieu lui-même.

A la domination de la noblesse qui possédait la terre, se substitua peu à peu la domination de la bourgeoisie, propriétaire des biens mobiliers. La Révolution française n'a fait que transporter et inscrire dans la loi les changements économiques qui s'étaient déjà traduits dans les faits. Les machines ont aidé et hâté ces transformations économiques ; la Révolution française est due à l'invention des machines en Angleterre : « la machine Arkwright à filer le coton inventée en l'an 1771 est le premier événement de la Révolution française ». Lorsque les bourgeois français s'insurgèrent contre la noblesse, ils dissertaient sur les droits des hommes et invoquaient le droit humain comme le signe de la justice ; cela était nécessaire pour la réussite de l'affaire. Au reste, quand les hommes travaillent avant tout pour eux-mêmes, ils estiment volontiers qu'ils travaillent pour tous les hommes. En réalité les bourgeois préparaient seulement un nouvel ordre de choses pour les bourgeois. Je ne veux pas discuter ces assertions de Lassalle ; il me suffit d'avoir défini ce que j'appellerai le matérialisme économique, la dialectique matérialiste.

Mais ici une ou plutôt deux questions nous pressent et nous sollicitent.

Que ce soit l'Idée elle-même, qui, par son procès change les choses, ou que les choses elles-mêmes soient animées et emportées par la fatalité d'un mouvement propre, comment les hommes pourront-ils agir et accomplir quelque chose ? A quoi bon proclamer le socialisme et grouper en corps d'armée tous les soldats du socialisme, si par leur marche même, les choses réalisent peu à peu le socialisme et que le socialisme ne peut être accompli par les hommes avant de passer de lui-même dans la réalité des faits ! Les socialistes resteront-ils hypnotisés dans une stérile contemplation ? Déjà Hegel disait que la vraie raison donnait naissance à une patience absolue : le christianisme a publié et proclamé contre l'oppression de la société antique la dignité et la liberté de chaque personne. Cependant la liberté individuelle ne s'est expressément traduite dans la sphère de la propriété qu'après l'abolition de la féodalité ; et cet exemple, dit Hegel, doit nous prémunir contre toute impatience « meinens Ungeduld ». Marx aussi déclare que dans l'histoire il n'y a pas place pour la colère. « Certes je n'ai pas toujours dépeint les hommes d'argent et les bourgeois sous des couleurs de rose et de miel ; mais je n'attaque pas leurs personnes, car dans le milieu économique actuel ils ne peuvent agir autrement qu'ils n'agissent ; ce ne sont pas des personnes mais des personnifications ; des catégories économiques. » Et il ajoute : « Lorsque la société découvre une loi naturelle du mouvement qui la meut, elle ne peut cependant pas dépasser d'un bond et abolir par des décrets un moment de son procès naturel elle peut seulement diminuer le temps de la gestation et adoucir les maux et les douleurs de l'enfantement ». — Hegel avait dit : La philosophie suit l'histoire d'un pied boîteux ; nous ne pouvons comprendre les événements qu'après leur accomplissement ; la véritable sagesse ressemble à l'oiseau de Minerve qui commence seulement à voler vers le déclin du jour.

Marx aussi refuse de donner la formule exacte, les lignes précises de la société future ; celle-ci se divisera elle-même : « Eh quoi ! dois-je à la manière d'Auguste Comte, indiquer des recettes de cuisine pour les marmites de la société future ? » — Lassalle écrit encore : « Les Révolutions se font ; on ne les fait pas. Personne ne fait la Révolution. » (Niemand macht eine Revolution). L'homme n'en a pas moins la possibilité et le devoir de l'action. N'est-ce rien que de diminuer le temps de la gestation et d'adoucir les maux de l'enfantement ? Ainsi l'on peut arracher plusieurs siècles à la douleur, aux larmes, à l'injustice. Si l'homme comprend le véritable cours des choses, il l'aide et le précipite, et il est vraiment révolutionnaire. Si au contraire, il ne comprend pas le vrai procès des choses, il lui fait obstacle et, même en vivant au milieu des séditions et des ardeurs de rénovation, il est réactionnaire. Ainsi, d'après Lassalle, en Allemagne, dans les premières années du xvie siècle, la guerre des paysans a été réactionnaire. Alors, en effet, dans ce naissant ordre économique, la forme et la force de la propriété étaient transférées de la terre et des immeubles aux biens mobiliers, de l'agriculture au commerce et à l'industrie ; les paysans voulaient moins corriger que conserver et assurer l'ancienne forme de la propriété ; ils faisaient obstacle au nouvel ordre. Si ce dernier avait été entièrement compris par les Allemands, la Révolution française de la fin du xviiie siècle eût été faite au xvie par les Allemands ; et trois siècles d'incertitudes et de misères eussent été supprimés. — L'action n'a de valeur et de prix que par sa collaboration avec les choses elles-mêmes.

Lassalle s'appliquait plus que Marx à décrire l'édifice de la société future. Et il n'y a pas lieu de s'en étonner, si l'on se souvient qu'il n'a pas moins suivi la philosophie de Fichte que celle de Hegel. Chez Lassalle, Fichte et Hegel se sont mêlés et presque conciliés.

Mais une autre question nous presse : si tout arrive par le propre mouvement des choses et si l'humanité ne peut être dirigée par la volonté et la conscience de l'homme, la société nouvelle, en voie d'éclosion, ne sera pas la forme suprême et parfaite, mais une nouvelle forme amendable et transitoire. Donc le socialisme n'a pas une valeur éternelle. Bien mieux, en quoi est-il démontré qu'une nouvelle forme de société, produite par une nécessité quasi aveugle, sera meilleure et plus équitable ?

Enfin le fait seul ayant de la valeur, ce socialisme, qui apparaît au peuple comme une adorable religion de justice, ne sera que l'adoration, le culte d'un fait. Nous voyons Karl Marx opposer cette conséquence à la dialectique mystique ; mais combien n'est-elle pas plus opposable à la dialectique matérialiste.

Tout d'abord il est une erreur enracinée qu'il convient avant tout de dissiper. Souvent l'on dit qu'Hegel a fondé la religion du fait et consacré le culte des choses existantes, et qu'il a asservi la philosophie à l'histoire, dont elle ne serait que la servante. Or, il est loin d'en être ainsi. Lorsque Hegel a écrit : « Tout ce qui est rationnel est réel, et tout ce qui est réel est rationnel », il n'a pas voulu justifier les choses elles-mêmes par cela même qu'elles sont. Hegel a seulement fait entendre qu'historiquement tout évènement, toute institution était un moment de l'Idée, il est vrai, souvent altéré et corrompu. Par exemple, l'institution de l'esclavage procède de cette idée que les hommes peuvent être traités comme des choses, partant les hommes sont ainsi constitués que les uns peuvent paraître aux autres comme des choses. Donc l'institution de l'esclavage fut en une certaine façon « rationnelle » puisqu'elle était un moment de l'Idée. L'esclavage n'en est pas moins inique et monstrueux, par cela qu'il s'arrête dans un moment de l'Idée et retarde la promotion dialectique d'un autre moment.

90

En effet, lorsque la volonté humaine réduit des hommes
à l'état de choses, elle se nie elle-même et devient elle-
même une chose ; de la sorte, c'est encore la dialectique
qui rejette l'esclavage en dehors de l'humanité. Hegel peut
tout ensemble expliquer rationnellement et condamner les
évènements, les faits, les choses. Et pour cela il ne soumet
pas à l'histoire la philosophie, la dialectique et la conscience humaine.

Si en lui-même l'État est d'essence divine, il existe
cependant plusieurs mauvais États parce que, en eux,
l'essence et l'idée de l'État sont altérés. L'ordre de l'histoire n'est pas le même que celui de la dialectique. La
société civile, qui réunit seulement les hommes par un
lien d'utilité confortable prépare dans la dialectique l'État,
c'est-à-dire l'union intime et parfaite de l'individualisme
et de l'universalisme. Au contraire, dans l'histoire, comme
dit Hegel, souvent l'État a existé avant la société civile,
par exemple chez les peuples de l'antiquité quand une
certaine règle uniforme était imposée à tous les individus
(d'où l'État) et que cependant les individus n'avaient
pas cette autonomie qui seule donne naissance à la société
civile. De même, la propriété, qui est le signe de l'individualité humaine précède en dialectique la famille où cette
individualité revêt pourtant son premier aspect d'union.
En histoire, au contraire, la préexistence de la famille
par rapport à la propriété individuelle est possible. Hegel
combat ceux qui veulent expliquer les institutions par
des causes historiques ; après avoir démontré les origines
de l'esclavage et les causes historiques de sa nécessité,
ils ne voient pas que, s'il n'y a pas d'autre règle que celle
de l'histoire, ils ont absous l'esclavage de toute faute.

Marx lui-même, bien qu'il se soit défendu de tout mysticisme et bien qu'il saisisse la dialectique dans l'histoire,
Marx ne confond pourtant pas l'histoire avec la dialectique, car dans l'histoire les moments sont épars et dissé-

minés ; la dialectique les conciliera et les unira dans une synthèse parfaite. Enfin la perfection intégrale sera rendue à la nature humaine qui aujourd'hui « se divise en paysans robustes mais inintelligents et en ouvriers avisés mais faibles. »

Lassalle, nous l'avons dit, concilie Fichte et Hegel et retrouve pour ainsi dire la justice éternelle dans l'extrême dialectique. Pourquoi jusqu'à ce jour, l'histoire a-t-elle été inique ? Parce que l'économie politique a eu pour fondement non pas l'homme lui-même, mais la propriété. Toutes les transformations historiques ont uniquement été des changements dans la forme de la propriété. Or, voici que surgit le Quatrième État qui n'a rien, ne possède rien : la victoire du Quatrième État ne sera pas le triomphe d'une nouvelle forme propriétaire, mais la victoire de l'humanité elle-même ; le socialisme ne sera pas autre chose que l'humanité. Lassalle n'eût pas tant enflammé les cœurs de foi et de ferventes espérances si, dans la dialectique de l'histoire, dans ses aboutissants, il n'avait montré l'efflorescence de la justice éternelle.

Le socialisme dialectique s'accorde donc avec le socialisme moral, le socialisme allemand avec le socialisme français ; et l'heure est proche où convergeront et se joindront de toutes parts, en un seul et même socialisme toutes les âmes, tous les esprits, toutes les forces et facultés de la conscience, et aussi la fraternelle communion chrétienne, la dignité et la véritable liberté de la personne humaine et même l'immanente dialectique des choses, de l'histoire, du monde.

Bref, pour comprendre le socialisme allemand de nos jours, il ne suffit pas de le saisir dans la forme particulière et transitoire que lui donnent Bebel et autres ; il faut fouiller ses origines, c'est-à-dire toutes les sources de l'intelligence et de la conscience. Voilà pourquoi j'ai examiné le socialisme chrétien chez Luther, le socialisme moral

chez Fichte, le socialisme dialectique chez Hegel et Marx.
Et il ne m'a pas déplu de traiter en latin des questions
contemporaines, parce que c'est en cette langue qu'a
été formulé le droit humain de l'antique philosophie morale
et qu'a soupiré et chanté la fraternité chrétienne. Au surplus, la langue latine est encore aujourd'hui la seule langue
universelle commune à tous les peuples ; elle convient
donc au socialisme universel. Le latin convient encore à
ce *Socialisme Intégral*, tracé par Benoît Malon, où le socialisme n'apparaît pas comme une étroite faction, mais
comme l'humanité elle-même ; où le socialisme semble
être l'image de l'humanité, de l'éternité.

ACHEVÉ D'IMPRIMER POUR
LES ÉCRIVAINS RÉUNIS LE
VINGT CINQ AVRIL MIL NEUF
CENT VINGT SEPT SUR LES
PRESSES DE L'IMPRIMERIE
UNION, 13, RUE MÉCHAIN
A PARIS